RÉFLEXIONS
SUR LA FRANC-MAÇONNERIE

Solange Sudarskis

1

Vagabondages maçonniques

Copyrigt © 2024 Solange Sudarskis
Tous droits réservés.
Illustration inspirée de Louis Janmot, *Poème de l'âme 7*

TABLE DES MATIÈRES

1 Aux origines d'un mot très composite: *franc-maçon* 1

2 Pourquoi élever des temples à la vertu? 9

3 Être initié par l'initiation? 25

4 Qu'apporte la pratique de vivre ensemble en tenue maçonnique? 35

5 Propos sur la morale 43

6 Un seul commandement aurait-il suffit pour une morale sociétale? 51

7 La Franc-maçonnerie est-elle un idéal moral? 61

8 La Franc-maçonnerie est-elle une tradition? 71

9 Choisir sa Franc-maçonnerie 81

10 Liberté, égalité, fraternité de l'idéal au réel? 97

11 Universalisme et localité 115

NB. Pour épargner le lecteur souhaitant accéder aux références de la documentation sur le web, des liens avec frappe au clavier simplifiée ont été créés avec le logiciel ***tinyurl.com***.

Réflexions sur la Franc-maçonnerie

1 AUX ORIGINES D'UN MOT TRÈS COMPOSITE: *FRANC-MAÇON*

Franc-maçon: est un mot calqué sur l'anglais *free mason*, maçon libre; du francique *franc*, libre, et du germain *makôn*, préparer l'argile pour la construction.

Selon la thèse de doctorat d'Ivan Alsina1, le terme «Free-mason» serait apparu en 1376 dans la patente de la Compagnie des Masons de Londres pour en désigner les membres [la Worshipful Company of Masons?].
David Taillades réfute cette hypothèse, précisant: «il n'y a aucune preuve documentaire de l'existence de la compagnie à Londres avant le XVe siècle. Il y a des maçons présents dans la ville mais pas de corporation ou guilde dénommée Compagnie des maçons de Londres. Avant 1200 il y a les *Brothers of the Bridge*, membres de la Bridge Gild -comme on le voit dans les Pipe Rolls- qui construisent le pont de Londres en pierre, mais rien ne permet de les relier à la future compagnie londonienne».

---

[1] Ivan Alsina, Apprentissage transformationnel et compétences émotionnelles: études de cas auprès de Francs-maçons de la Grande Loge de France, p.16: <tinyurl.com/these-alcina>.

François-Timoléon Bègue Clavel relate au XIXe siècle dans *Histoire pittoresque de la Franc-maçonnerie et des sociétés secrètes anciennes et modernes*: «Vers l'an 712 avant notre ère, Numa institua à Rome des collèges d'artisans (collegia arlificum), en tête desquels étaient les collèges d'architectes (collegia fabrorum). On désignait aussi ces agrégations sons les noms de sociétés, de fraternités (sodalilaies, fralernitales). De la même époque datait, à Rome, l'établissement des libérales, ou fêtes de Bacchus.

Lorsque les corporations franches se constituèrent en une seule grande association ou confrérie, dans le but d'aller exercer leur industrie au-delà des Alpes, les papes secondèrent ce dessein: il leur convenait d'aider à la propagation de la foi par le majestueux spectacle des vastes basiliques et par tout le prestige des arts dont ils entouraient, le culte. Ils conférèrent donc à la nouvelle corporation, et à celles qui se formèrent par la suite avec le même objet, un monopole qui embrassait la chrétienté tout entière, et qu'ils appuyèrent de toutes les garanties et de toute l'inviolabilité que leur suprématie spirituelle leur permettait de lui imprimer. Les diplômes qu'ils délivrèrent à cet effet aux corporations leur accordaient protection et privilège exclusif de construire tous les édifices religieux; ils leur concédaient le droit de relever directement et uniquement des papes. Les membres des corporations eurent le privilège de fixer eux-mêmes le taux de leurs salaires, de régler exclusivement, dans leurs chapitres généraux, tout ce qui appartenait à leur gouvernement intérieur».

Réflexions sur la Franc-maçonnerie

De nombreux historiens affirment que le terme «franc» ne s'appliquerait pas à la personne mais au «métier». Est franc ce qui fait partie d'un «**franc mestier**»[2].
Étienne Boileau, prévôt de Paris, dans *Le livre des Métiers*, écrit en 1268, que les tailleurs de pierre bénéficiaient de la franchise, mais non les maçons, ou les charpentiers.

On consultera pour compléter cet aperçu le chapitre *Histoire Critique de la Franc-maçonnerie et sectes mystiques*, à partir de la page 134 de l'ouvrage Histoire des religions et des mœurs *de tous les peuples du monde. Tome 6,* 1819 avec la fameuse gravure en taille douce des Loges depuis 1691 jusqu'en 1735[3].

L'expression «maçon libre» est entrée en usage au XIVe siècle. Jusqu'au XVIIIe siècle, il apparaît sous de nombreuses formes: **frey-masson** pour l'abbé de la Garde dans son gazetin en 1737; **Frimaçon** pour Pierre De Billy dans sa lettre du 27 mars 1737 et souvent comme synonyme d'autres noms: maçon, architecte, maçon libre, franc-maçon, maçon en pierre libre, etc. On trouve l'écriture écriture **Phranc-maçon** dans le *Rituel de Swedenborg* dont la pensée affirme que tout a un sens, mais que Dieu seul peut révéler celui-ci aux hommes. Le sens interne de la Genèse et de l'Exode est capital et le premier chapitre de la Genèse expose spirituellement la renaissance et la régénération de l'être humain.
Beswick, le fondateur du Rite de Swedenborg, utilise le terme *Phremason* plutôt que *Freemason*. Selon lui, ce terme viendrait de deux anciens mots «Phre» (ou Pi-re) qui

---

[2] <tinyurl.com/francmetier>.
[3] <tinyurl.com/histoirecritique >.

voudrait dire «la lumière» et «mason» qui voudrait dire «chercher» ou «tâter quand on est aveugle». Le *Phremason* serait donc, selon Beswick, un candidat aveugle, ou perdu, et cherchant son chemin vers la lumière; le phranc-maçon éclairé serait celui qui a reçu l'initiation. Ceci explique la graphie de phranc-maçon utilisée dans la traduction française.

Parmi les origines possibles du mot franc-maçon, retenons:

~ La contraction verbale de free stone mason, «travailleur en pierre libre». Beaucoup de pierres de carrière utilisées dans les murs, les fondations et les bâtiments isolés étaient inégales en dureté, à grain grossier, à grain tordu, à grain qui coulait comme le grain dans une planche de pin. La pierre utilisée pour la sculpture n'avait pas de grain, ou un grain très fin, elle pouvait être coupée dans n'importe quelle direction sans fendre ou écailler; elle prenait une surface plane et un poli. On l'appelait free stone. Chez les tailleurs de pierre flamands, on la trouve accolée au titre de Compagnon et de Maître: Vrije Meester, Vrije Gesel. En Angleterre, l'Apprenti qui passait Compagnon était déclaré: Free of the Craft; dans les Pays-Bas: Gcvrijd in t'Ambacht, littéralement «affranchi dans le métier». En réalité, franc, dans le langage du temps, signifie privilégié; celui dont la liberté est garantie par une franchise. Ainsi, l'épithète de franc se retrouve appliquée aux ouvriers d'autres professions.

~ Les maçons locaux étaient confinés à leurs propres paroisses, du moins, dans les circonstances habituelles et normales. Les maçons de la cathédrale et de l'église n'étaient pas ainsi astreints, mais étaient libres de se déplacer.

~ Un apprenti était lié à son maître pendant des années. À la fin de son contrat, il était mis en liberté. Tout maître Maçon était en ce sens un maçon libre.

~ Une fois qu'une ville avait reçu une charte des libertés, de franchise (1266), elle devenait virtuellement indépendante du pouvoir seigneurial. Au cours du temps, chaque résident d'une telle ville devenait un citoyen. En dehors des murs demeurait le servage, à l'intérieur était la liberté. Cette liberté appartenait aux «libertés» de la ville. Dans une telle ville, le membre d'une Compagnie de Maçons, était un citoyen et donc était libre; alors qu'un maçon hors des murs ne l'était pas. Dans de nombreuses villes, des étrangers venant s'y installer pouvaient recevoir cette liberté au bout d'un an et d'un jour.

~ On a supposé que les papes avaient accordé à la Fraternité Maçon une charte pour voyager à volonté selon les règles locales de la paroisse.

~ Il n'y a aucune preuve pour l'existence d'une fraternité séparée du voyage. D'un pays à l'autre. Ils étaient libres de voyager en quête de travail.

~ Les autorités civiles et ecclésiastiques ont utilisé, pendant des siècles, la méthode d'impression («de groupe de presse») pour recruter, non seulement des marins et des soldats, mais aussi pour recruter des ouvriers. Dans ces «publicités», les francs-maçons étaient considérés comme une classe spéciale d'artisans, libres de beaucoup de restrictions et d'indignités qui ont souvent conduit d'autres ouvriers à la désespérance et la révolte.

~ Il existe un type psychologique et éthique (ou les deux combinés) de l'homme libre, qui est libre de l'ignorance, libre de la superstition, libre de servilité, et donc un homme libre, rencontrant les autres comme égaux, même en appartenant socialement à l'un des soi-disant ordres inférieurs. Il est probable que ce fut cette liberté que les francs-maçons ont sentie et appréciée plus profondément que tout autre.

~   On a voulu voir dans le terme de Francs-Maçons une allusion technique à l'utilisation de la pierre franche (variété de pierre qui se coupe librement): Maçons de franche pierre, Freestone Masons. Ce qui réfute cette interprétation, c'est que Le terme complet Free and accepted Mason (adopted) qui désignait les membres des loges au XVIIe siècle, qui n'avaient aucun lien apparent avec le métier fut réduit en Free-mason. La charte octroyée en 1260 par l'évêque de Bâle aux tailleurs de cette ville renferme la clause suivante: «Les mêmes conditions sont applicables à ceux qui n'appartiennent pas au métier et qui désirent entrer dans la Fraternité». Laurence Dermott précise dans une lettre aux membres de la confraternité (ajoutée à la 3ème édition de sa Constitution Ahiman Rezon), sur la différence qui existe entre l'ancienne et la moderne Maçonnerie en Angleterre: «des maçons de métier…furent formés en 1410 sous les nom et titre de Société des Fr.-maçons, et William Hankstow second roi d'armes, leur accorda des armes en 1477. Les maçons modernes se sont arrogé ce titre; mais, seule la Confrérie susdite a le droit de prétendre au nom de francs-maçons d'Angleterre. Jamais les anciens et acceptés maçons ont-ils prétendu à un autre titre? Celui qu'ils ont adopté est le titre de Francs et acceptés maçons».

Peut-être est-ce une de ces significations du mot «franc-maçon» qui a trouvé son chemin dans les anciennes

Constitutions, les *Old Charges*. En tout cas, le mot avait alors, comme il continue d'avoir, un sens polysémantique.

Une définition de l'usage du nom est donnée dans l'*Acta Latomorum* de Claude Antoine Thory: «En 1646, il existait à Londres deux Sociétés distinctes: l'une de maçons constructeurs (qui possédait une grande salle de réunion) et l'autre de Frères rose-croix ayant pour chef le célèbre antiquaire Elias Ashmole qui cherchait un local à sa convenance. Les deux sociétés fusionnèrent pour n'en former qu'une seule, et n'eurent plus qu'un seul temple, celui des Maçons constructeurs. En revanche, les Frères rose-croix rectifièrent les formules de réception des maçons, et y substituèrent un mode d'initiation calqué en partie sur les initiations de l'Égypte et de la Grèce. Enfin, pour constater d'une part la différence de la Société nouvelle avec la maçonnerie de construction, et d'autre part, l'acceptation des frères rose-croix par les maçons constructeurs, les membres de cette nouvelle Société prirent le titre de maçons francs et acceptés. De là, la dénomination abrégée de francs-maçons, et, par suite celle de Franc-maçonnerie, appliquée depuis à notre Ordre et à ses Iniitiés».

Dans certaines des vieilles conférences du XVIIIe siècle, «gentleman maçon» était utilisé comme équivalent franc-maçon spéculatif. On trouve leur le catéchisme suivant: «- Qu'est-ce que vous apprenez en étant un gentleman Maçon? – Le secret, la moralité et la bonne fraternité. Qu'apprenez-vous en étant maçon opératif? Tailler, l'équerre, la pierre moulée, poser un niveau et élever une perpendiculaire». Comme l'écrit Mackey, on voit bien la différence et, comme le fit observer E. Ward, *freemason* n'est pas *Free-Mason*. Le mot *Free*, dans *Free-Mason* ou *Free and Accepted Mason*, fait simplement référence au fait que ces «nouveaux» Maçons sont «libres» à l'égard du Métier, c'est-à-dire tout simplement étrangers au Métier… Si nous envisageons les premiers témoignages concernant les Maçons non-opératifs anglais et écossais du XVIIe siècle (admis en Loge entre 1600 et 1634 sous le nom de *gentlemen masons* ou *accepted masons*), nous observons que ces *Accepted Masons* sont aussi indifféremment désignés par les mots *Free Masons*, ou *Free-Masons*, avec ou sans tiret mais toujours en deux mots. Il apparaît alors clairement que dès la fin du XVIIe et le début du XVIIIe les termes *Accepted* et *Free* devinrent équivalents pour désigner des Maçons non-opératifs.

«Franc-maçon n'est en aucun cas une traduction fidèle de l'anglais freemason dans un sens économique ou de qualité humaine mais elle a pris le sens de «maçonnerie du peuple Franc». Ceci s'est fait sous la plume coupable du chevalier de Ramsay, une innovation localisable dans son premier 'Discours' du 26 décembre 1736 lu en Loge à Paris. Ce fut-là la première apparition du terme et la naissance de l'expression moderne». Par cela, il opéra une incroyable et subtile réappropriation sonore et nationale d'un terme issu d'une tradition précédemment opérative et étrangère» (Louis Arnolphe).

Les Francs-maçons du *Rite forestier s'appellent des francs-charbonniers.*

2 POURQUOI ÉLEVER DES TEMPLES À LA VERTU?

Le mot vertu ne signifie pas seulement une qualité morale mais, aussi, le Principe ou la cause des choses. Une vertu est une disposition arrêtée à agir d'une certaine manière.

Comme l'écrit Michel Serres «dans la chaleur du métabolisme – ou le jaillissement de l'élan vital -, au battement élémentaire du cœur... voilà d'où se lance le courage, oubli total et chaleureux de soi vers le monde, les autres, le prochain et les objets». Une façon de reprendre la définition stoïcienne de la vertu de Cicéron: une disposition d'esprit en harmonie avec la raison et l'ordre du monde.
Tempérance, courage, sagesse et justice sont les vertus qui, pour Platon, unissent dans un ensemble accordé [musicalement] les trois parties de l'âme.

Chez les Romains, les Vertus formaient une classe particulière de divinités; ce n'était que des hypostases de dieux plus anciens, c'est-à-dire un attribut divin qu'on avait détaché pour le personnaliser. Ainsi, *Fides* se rattachait à Jupiter, *Concordia* à Vénus, *Pudicitia* à Junon, …

«La vertu n'est qu'une bravoure héroïque, pour faire ce que l'on croit être vrai, malgré tous les ennemis de la chair ou de l'esprit, malgré toutes les tentations et toutes les menaces» (Albert Pike, Morales et Dogme du Rite Écossais Ancien et Accepté de la Franc-maçonnerie, 1871 [texte éminemment politique]).

L'enseignement de Zoroastre définit les Sept *Amesha Spentas* comme vertus essentielles, elles sont: *Vohou rnano*: bon esprit, bonne volonté, bon sens. *Asha vahista*: vérité, justice, pureté. *Kshatra vaïrya*: ordre, harmonie, règne divin. *Spenta armaïti*: humilité, douceur, docilité. *Haourvatat*: santé, vigueur, incolumité. *Ameretat*: longue vie, immortalité, vie éternelle. *Sraosha*: obéissance, observation de la Loi, piété.

Dante affirme qu'à cet âge [de compagnon] la tâche fondamentale qu'il faut accomplir consiste à rechercher sa propre perfection, et il considère à ce propos qu'il est nécessaire de développer cinq vertus: la tempérance, la force, la fraternité, la courtoisie et la loyauté. Tempérance et force pour être en mesure de gouverner ses appétits désordonnés; fraternité en tant qu'il convient que celui qui se trouve au *mezzogiorno* de la vie regarde en arrière et en avant et aime ses aînés de qui il a reçu la doctrine, mais aussi ses cadets, auxquels il est tenu de donner ses exhortations bénéfiques; courtoisie, qu'il convient de développer au maximum dans la période actuelle car, s'il en était autrement, son manque représenterait un obstacle insurmontable à l'obtention de la perfection qui caractérise justement le troisième âge [de maître]; loyauté, qui signifie suivre et mettre en œuvre ce que dictent les lois, car, s'il est vrai qu'à l'âge précédent [apprenti] les fautes sont l'objet d'une certaine indulgence, à l'âge suivant il ne s'agit désormais pas tant de suivre les règles que d'être juste. Ce sont là, pour Dante, les conditions nécessaires pour accéder effectivement à cette autre perfection: celle qui est attribuée à la maturité et par laquelle on devient capable d'illuminer les autres.

Les compagnons opératifs honorent les vertus en recevant, lors de leur initiation, un nouveau nom, une vertu suivie du nom de leur origine géographique[4].

En 1686, dans son ouvrage Iconologie, ou Explication nouvelle de plusieurs images, emblèmes et autres figures hiéroglyphiques des vertus, des vices, des arts, des sciences, des causes naturelles, des humeurs différents et des passions humaines, César Ripa mêle petites et grandes vertus avec les savoirs dans ses 174 «sujets» que l'on peut parcourir dès sa table des matières.

Benjamin Franklin a élaboré un système moral exigeant et rigoureux tout entier tourné vers son développement personnel articulé autour de 13 vertus: sobriété, silence, ordre, résolution, économie, application, sincérité, justice, modération, propreté, tranquillité, chasteté, humilité[5].

Dans son *Discours prononcé à la réception des Free-Masons* de 1737, le Chevalier de Ramsay développe les *«qualités requises»* pour être franc-maçon. Il s'agit de la philanthropie, ou l'amour de l'humanité en général; de la

---

[4] <tinyurl.com/nomcompagnon>.

[5] <tinyurl.com/lesvertus>.

saine morale; du secret et du goût des sciences utiles et des Arts Libéraux.

Les vertus du maître sont la pureté du cœur, la vérité de la parole, la prudence dans les actions, le calme dans l'adversité et un zèle constant dans l'accomplissement du bien, constituant une éthique pour la vie profane; à l'exemple de Socrate qui s'était dévoué à enseigner la vertu à ses concitoyens considérant que c'est par la réforme des individus qu'il voulait procurer le bonheur de la cité.
Au RER, les vices sont à fuir et sont combattus par les sept vertus du franc-maçon: la foi, l'espérance, la charité, qui sont les principales, la justice, la tempérance et la prudence. «Quand je parlerais toutes les langues des hommes et des anges, si je n'ai pas la charité, je ne suis qu'un airain résonnant ou une cymbale qui retentit».La force, septième vertu, n'est révélée qu'au grade suivant, elle ne peut être acquise que par la pratique exacte des six premières vertus. On en trouve l'expression dans l'ouvrage *l'échelle des grades du régime écossais rectifié* de 1782 complété par Willermoz en 1802.

Une vertu est-elle une qualité innée, ou une qualité nécessaire que l'on acquière par le travail?

Déjà Platon en faisait poser la question par Ménon à Socrate: «Me dirais-tu bien, Socrate, si la vertu peut s'enseigner, ou si elle ne le peut pas et ne s'acquiert que par la pratique; ou enfin si elle ne dépend ni de la pratique ni de l'enseignement, et si elle se trouve dans les hommes naturellement, ou de quelque autre manière?»
Sa réponse: «la vertu vient par un don de Dieu à ceux qui la possèdent». Réponse contraire de Comte Sponville

pour qui la vertu se définit en tant qu'élément que l'on peut acquérir car elle s'expérimente à travers l'action.

On ne saurait écarter le rapprochement que l'on peut faire avec la notion de bonnes mœurs.

Pierre-Joseph Proudhon a exploré des définitions du mot «mœurs» dans son ouvrage *De la justice dans la révolution et dans l'église,...* : «le mot «*mœurs*» vient du latin *mos,* génitif *moris,* lequel signifie coutume, usage, habitude, institution et aux pluriel *mours*. La racine de ce mot est la même que celle de *modestia*, qualité de l'âme qui consiste à garder en tout la mesure et les convenances, *vir modestus* est l'homme de bonnes manières d'un ton distingué, mesuré dans ses paroles et ses sentiments…»

Le droit français ne maintient plus l'interdiction de déroger aux bonnes mœurs, toutefois encore évoquée dans l'article 6 du code civil créé par la loi n° 1803-03-05 du 15 mars 1803 (On ne peut déroger, par des conventions particulières, aux lois qui intéressent l'ordre public et les bonnes mœurs) ainsi que dans le code de la propriété intellectuelle et dans le code de commerce. Cette notion apparaît en effet désuète au regard de l'évolution de la société; la jurisprudence l'a progressivement abandonnée au profit de la notion d'ordre public dont elle n'a eu cesse de développer le contenu.

«De bonnes mœurs» est la traduction, ou plutôt l'adaptation française, de l'expression *«of good report»* présente dans les rituels anglo-saxons originels et contemporains. Elle ne signifiait pas à cette époque «de bonnes mœurs» mais «de bonne réputation», ce qui n'est pas la même chose. Dans les sociétés influencées par le protestantisme et le puritanisme, les deux notions sont très liées.

Le Convent de Lausanne en septembre 1875 (qui réunit les Suprêmes Conseils de onze pays) proclame: «depuis la préparation au premier grade jusqu'à l'obtention du grade le plus élevé de la Maçonnerie écossaise, la première condition sans laquelle rien n'est accordé à l'aspirant, c'est une réputation d'honneur et de probité incontestée».

LES VERTUS CARDINALES

Les sages de la Grèce donnaient à quatre vertus le nom de cardinales pour en montrer l'importance de premier plan parmi toutes les autres, à savoir: la justice, la prudence, la tempérance et la force d'âme c'est-à-dire le courage moral, l'énergie personnelle (en anglais *fortitude*).

Ce groupe de quatre vertus, en tant que théorie morale qui essaie de rendre compte ce qui est d'une importance fondamentale d'une activité humaine, fut pensé par Socrate puis mis en évidence par Platon (correspondantes au contrôle de la partie rationnelle de l'âme sur les passions), suivi par Aristote et les philosophes stoïciens dont Cicéron. Cependant, pour Thomas d'Aquin, les vertus théologales se rapportent à la fin, tandis que les vertus morales se rapportent aux moyens, les vertus morales ne doivent pas recevoir le nom de vertus principales ou cardinales, mais cette expression convient plutôt aux vertus théologales[6].

---

[6] Thomas d'Aquin, *Somme Théologique*, question 61, p. 739: <tinyurl.com/passionpolynesie>.

Dans les œuvres littéraires et les œuvres d'art du Moyen Âge et de la Renaissance, les vertus cardinales sont généralement représentées sous les traits de femmes, avec des attributs symboliques, qui varient selon les artistes et les auteurs. Néanmoins certains attributs donnent lieu à de nombreux réemplois, par exemple: pour la prudence: miroir, corne d'abondance, serpent; pour la tempérance: deux récipients avec l'eau passant de l'un à l'autre, balancier d'horloge; pour la force: animal terrassé, massue; pour la justice: glaive, sceptre, balance.

François Demoulins de Rochefort, dans son *Traité des vertus cardinales* expose et illustre par de très belles gravures la prestance et l'excellence des vertus cardinales confrontées à leurs contraires[7].

Les vertus cardinales sont introduites à la fin du XVIIIe siècle en Franc-maçonnerie. Dans le cours du premier degré, on apprend qu'il y a quatre «points d'entrée parfaits», à savoir le guttural (gorge), le pectoral (sein), le manuel (mains) et le pédale (pieds). Il est en outre expliqué que ces quatre points sont illustrés par signes et ils sont représentatifs des quatre vertus cardinales: la tempérance, la force, la prudence et la justice.

La TEMPÉRANCE découle de la Prudence. C'est la maîtrise de soi, de ses passions. La Tempérance implique modération, mesure et équilibre en toute chose. Les préceptes grecs de Sophrosyne (la déesse de la modération qui apporte la maîtrise de soi, la force et qui conduit à la sagesse) se trouvent dans le «et rien de trop» associé au «connais-toi toi-même» du Temple de Delphes. On ignore généralement que, sur le marbre de

---

[7] <tinyurl.com/vertuscardinales>.

ce même fronton, s'offrait aux yeux du pèlerin l'inscription é Mèden agan, «et rien de trop» comme le rapporte Sénèque dans *Consolation à Marcia*[8]. C'est ainsi qu'Aristote, en particulier pour ce qui concerne le contenu de la vertu éthique, le définit comme le juste milieu (*mêsotès*) entre deux extrêmes condamnables nommés ellipse et hyperbole. C'est une exigence morale qui s'accompagne de 147 commandements qui auraient été écrits par sept sages[9]. «La vertu fait viser le milieu. Ainsi, quiconque se connaît fuit alors l'excès et le défaut. Il cherche au contraire le milieu et c'est lui qu'il prend pour objectif. Et ce milieu n'est pas celui de la chose, mais celui qui se détermine relativement à nous». C'est bien la tempérance maçonnique[10].

LA FORCE. Dans l'ancienne Égypte, les hiéroglyphes exprimaient les concepts de la force à travers plusieurs de ses aspects: force jaillissement de la force vitale (*ouadj*), servant également à désigner une colonne ou pilier du temple; force équilibre et bonne santé (*oudja*), régulateur des feux servant à transmuter la matière dans le creuset alchimique; force créatrice par la vision des choses (*oudjat*, l'œil du delta); force magique découlant de l'énergie lumineuse (*heka*), permettant de modifier le cours du destin; force qui nourrit (*ka*), activant le potentiel de chaque chose.

Dans la Grèce antique, *Ganos* est la Force, addition de l'efficacité divine, de la clarté scintillante et de l'humanité vivifiante.

---

[8] < tinyurl.com/seneque-consolation>.
[9] < tinyurl.com/comandements>.
[10] <tinyurl.com/latemperance>.

Gabriel, גַּבְרִיאֵל, dont le nom hébreu signifie la Force de Dieu, est un archange cité dans l'Ancien Testament, le Nouveau Testament et le Coran. Maître Eckhart, parlant de l'ange annonciateur du kérigme écrit: «Dans cette naissance [annoncée de jésus] Dieu se manifestait et se manifeste encore comme force».

Dans la tradition chrétienne, l'archange Gabriel (ou Michel) terrassant le dragon est une incarnation de la force de la foi chrétienne triomphant des puissances néfastes ou des anciennes divinités de la Nature. Le lion de St Marc en est aussi un symbole.

En loge, la force est plus que l'addition de celle des francs-maçons présents; c'est la fraternité nourrissant ceux qui participent aux travaux. Le franc-maçon se doit d'être, comme le dit Rainer Maria Rilke dans ses *Sonnets à Orphée*, «dans cette nuit de démesure la force magique au carrefour des hommes et le sens de leur rencontre singulière». La force n'a de valeur que si elle est sûre d'elle afin de s'exprimer d'une façon tranquille. Vient alors le temps de la douceur, qui n'est autre que la force tranquille qui convainc et s'assure une victoire définitive si elle est exercée dans le respect de l'autre.

L'association entre les piliers, le mot force et le diplôme d'apprenti remonte au XVIIe s. *The Edinburgh Register House* (1696), le premier catéchisme maçonnique connu, laisse entendre que les noms de Boaz et Jachin étaient liés aux rituels des apprentis et des camarades, tandis qu'un premier exposé, *The Grand Mystery of Free-Masons Discover'd* (1724) expliquait que «*Jakin et Boaz*» représentent «Une force et une stabilité de l'Église à tous les âges». Un autre exposé, *The* Whole *Institutions of* Masonry (1724), a fait remarquer: «L'explication de nos secrets est comme suit: Jakin signifie Force et Boaz

Beauté. Lorsque les rituels maçonniques ont été traduits en français, le mot «*strength*» a été rendu par force, comme on le voit dans le premier manuscrit rituel maçonnique français connu, le *Rituel Laquet* (vers 1745). Il déclare que la signification du mot Jakin est «La force est en Dieu» (La force est dans Dieu). En l'espace d'une vingtaine d'années, les deux mots significatifs ont été inversés, mais les significations ne l'ont pas été. Ainsi, dans les *Rituels du Marquis de Gages* (1763), nous trouvons: «Frère Senior [Warden]*, que signifie Boaz? » La réponse: «Très Vénérable, ma force est en Dieu»[11].

La PRUDENCE est la connaissance de ce qui est bon, de ce qui est mauvais et de ce qui n'est ni bon ni mauvais. Être prudent, c'est aussi prendre le temps, c'est laisser la raison faire son œuvre. Pour Platon, c'est la vertu première. Pour Cicéron, ses parties sont la mémoire, l'intelligence, la prévoyance (*memoria, intelligentia, providentia*). La mémoire est la faculté par laquelle l'esprit rappelle ce qui s'est passé. L'intelligence est la faculté par laquelle il garantit ce qui est. La prévoyance est la faculté par laquelle on voit que quelque chose va arriver avant que cela n'arrive.

Dans la Tradition, la Prudence est représentée par un miroir entouré d'un serpent. Inspiré par le texte des Évangiles Mathieu 10-16, Philibert De l'Orme (architecte lyonnais de la Renaissance) écrivait: «un compas entortillé d'un serpent [que l'on voit sur le frontispice de ses Livres d'architecture, 1585] signifie que l'architecte

---

[11] Albert Pike, *On Freemasonry & Force*: <tinyurl.com/pike-laforce>.

doit mesurer et compasser toutes ses affaires et tous ses œuvres et ouvrages avec prudence [le serpent est un emblème chrétien classique], et mûre délibération» et de rajouter «soyez prudents ainsi que les serpents et les simples comme les colombes».

La JUSTICE. Sous le nom de *tsédaka*, l'idée de charité devient œuvre de justice. *Tsédek*, la justice; *Tsédaka*, la charité. La *tsédaka* équivaut à tous les commandements de la Thora; à elle seule, elle les contient tous. Elle consiste à être touché devant n'importe quelle douleur éprouvée par quelqu'un; à lui offrir quelque chose de son avoir, et quelque chose de soi, à être aux côtés de celui qui a besoin d'un appui, d'une manière inconditionnelle, non en vertu d'une loi, de principes ou d'un avantage que l'on pourrait retirer de cette bonté. Les sages enseignent que sauver un homme équivaut à sauver l'humanité entière.
La Justice Maçonnique ne se substitue jamais à la Justice profane. Elle ne prend en compte que les conflits entre maçons, entre un maçon et sa loge ou son Obédience, entre deux loges, deux obédiences. Elle s'appuie sur les Règlements Généraux et les Règlements Intérieurs des Loges. Elle a surtout un rôle de conciliation.

Au RER, les paliers de l'escalier à 3, 5, 7 marches sont la représentation des dons spirituels, seuls les trois premiers sont connus du maître. Le premier désigne le don d'intelligence que l'apprenti peut obtenir en observant la justice. Le second palier figure le don de sagesse, fruit de la tempérance recommandée au compagnon. Le troisième palier désigne le don de discernement que la prudence seule procure au maître.
L'humilité n'est pas retenue parmi ces vertus.

Pour le plaisir, écouter Comte Sponville parler de sa spiritualité à partir des vertus[12].

LES VERTUS THÉOLOGALES

À ces vertus, le Christianisme ajoute la foi, l'espérance et la charité (dans le langage des théologiens, la charité désigne à la fois l'amour de Dieu pour lui-même et du prochain comme créature de Dieu) qualifiées de vertus théologales. Elles sont exprimées dans le chapitre 2, versets 8 à 10 du livre *Sagesse de Jésus fils de Sirach* (appelé aussi Siracide ou Ecclésiastique, livre apocryphe): 8-. Vous qui craignez le Seigneur, croyez en lui, et vous ne perdrez point votre récompense. 9- Vous qui craignez le Seigneur, espérez en lui, et la miséricorde qu'il vous fera vous comblera de joie. 10- Vous qui craignez le Seigneur, aimez-le, et vos cœurs seront remplis de lumière.

Les symboles utilisés pour les représenter ont varié au fil du temps. Avant la suppression des références chrétiennes du rituel, elles étaient souvent illustrées par une croix, une ancre et un calice. Il est maintenant plus courant de les représenter par trois femmes ou anges.

La FOI est souvent représentée avec une croix ou un livre; l'Espérance tient fréquemment une ancre; la Charité est généralement figurée sous l'aspect d'une femme les bras ouverts ou avec des enfants.

La foi n'a pas toujours été l'acceptation aveugle de formules dogmatiques imposées à la raison. La foi, *fides*, c'est la confiance dans quelque chose qu'on ne voit pas, ou qui n'est pas démontrée, et que l'on tient quand même pour certain. Cette certitude d'une réalité ou d'une

---

[12] <tinyurl.com/spititualte-vertus>.

vérité, prise psychologiquement, ne se limite donc pas au *Credo* ou au catéchisme: c'est une démarche de la conscience qui, dans bien des cas, s'impose à tous les hommes, croyants ou libres penseurs, sous peine de tomber dans le scepticisme et dans l'inaction.

L'ESPÉRANCE, dans la mythologie grecque, est une divinité, sœur de Sommeil, qui suspend les peines de la mort qui les finit. Mais cette parenté, plutôt pessimiste, n'enlevait pas à la déesse son heureuse influence pour la consolation des humains et l'entretien de leur force d'âme! On la représentait sous les traits d'une jeune nymphe au visage serein et souriant, couronnée de fleurs naissantes et tenant un bouquet à la main. Pandore, par curiosité coupable, ouvre la boîte d'où la vieillesse, la maladie, la guerre, la famine, la misère, la folie, le vice, la tromperie, la passion sortent pour se répandre sur le monde, seule l'espérance, plus lente à réagir, y resta enfermée! C'est une damnation de n'avoir plus d'espérance: «Toi qui entre ici, laisse toute espérance», signale Dante sur le frontispice de la Porte des Enfers. Cette disposition de la conscience, qui la fait compter sur la réalisation de ce qu'elle souhaite, est d'une telle puissance morale que la sagesse des nations a pu dire que l'espoir fait vivre! La projection vers un futur meilleur, l'espoir, est une procrastination, masquant la nécessité d'œuvrer dans le présent[13].

La **CHARITÉ**, c'est amour du genre humain, levain sublime, qui rend la loi souriante et génératrice de dévouements consentis pour le bien de tous! Pour St

---

[13] <tinyurl.com/foi-violence-esperance>.

Paul (1ère lettre aux Corinthiens, chapitre 13, versets 1 à 6): «J'aurais beau parler toutes les langues de la terre et du ciel, si je n'ai pas la charité, s'il me manque l'amour, je ne suis qu'un cuivre qui résonne, une cymbale retentissante. L'amour prend patience; l'amour rend service; l'amour ne jalouse pas; il ne se vante pas, ne se gonfle pas d'orgueil; il ne fait rien de malhonnête; il ne cherche pas son intérêt; il ne s'emporte pas; il n'entretient pas de rancune; il ne se réjouit pas de ce qui est mal, mais il trouve sa joie dans ce qui est vrai; il supporte tout, il fait confiance en tout, il espère tout, il endure tout».

En arabe, la charité obligatoire du musulman croyant est connue sous le nom de *zakat*, qui signifie littéralement «purification», car elle purifie le cœur d'une personne de toute avarice. La loi islamique stipule que les principaux bénéficiaires de la *zakat* sont les pauvres, les orphelins, les veuves, ceux qui sont endettés. Elle stipule également qu'elle peut servir à libérer des esclaves ou à aider des gens faisant partie d'autres catégories, telles que mentionnées dans le Coran. Établie il y a quatorze siècles, elle est une forme de sécurité sociale dans les sociétés musulmanes.

La représentation symbolique des 4 vertus cardinales et des 3 vertus théologales serait le carré surmonté d'un triangle; un tablier de franc-maçon?
«Ces vertus devraient être votre pratique constante, car on vous apprend ainsi à éviter les excès et à contracter toute habitude licencieuse ou vicieuse, dont l'indulgence pourrait vous amener à dévoiler les secrets que vous avez promis de dissimuler et de ne jamais révéler, dont la trahison vous soumettrait au mépris et à la détestation de

tous les bons maçons, sinon à la peine de votre obligation».

Cependant gardons-nous de nous considérer comme plus vertueux qu'un autre: «Quel homme, s'il sacrifie l'orgueil de se dire plus vertueux que les autres à l'orgueil d'être plus vrai, et s'il sonde avec une attention scrupuleuse tous les replis de son âme, ne s'apercevra pas que c'est uniquement à la manière différente dont l'intérêt personnel se modifie que l'on doit ses vices et ses vertus? »[14]

---

[14] Helvétius, *De l'Esprit*, 1758: <tinyurl.com/vices-vertus>.

Réflexions sur la Franc-maçonnerie

3 ÊTRE INITIÉ PAR L'INITIATION?

L'initiation est la forme la plus traditionnelle de la transmission impliquant un processus de transformation progressif.

L'étymologie nous enseigne que le mot initiation veut dire en latin «entrée», «commencement» «introduction», *initium*, et en grec «finalité», «but». En latin, *initium*, d'*ineo* (aller dans) signifie commencement, début, naissance. Au pluriel, le mot désigne plutôt la naissance, la cause première, les fondements. *Initus* équivaut également à: entrée, commencement, pénétration sexuelle. *Initiare* veut dire instruire ou commencer, *initiatio*, l'initiation, *initiatur*, l'initiateur. En Grec ancien, *télos* (τελός) signifie la fin, la complétion, l'aboutissement, la perfection. Les rites initiatiques se veulent *Initium* et *télété* représentant les deux aspects de la démarche initiatique maçonnique. L'un est la mise en chemin, l'autre, le chemin et le but. L'initiation maçonnique est un moment/passage (ou plusieurs) et un processus dans la durée (très variable) qui font sens, à la fois comme signification et direction.[15]

René Guénon distingue «d'initiation virtuelle» de «d'initiation réelle», expliquant par la suite que «entrer dans la voie, c'est l'initiation virtuelle», «et suivre la voie, c'est l'initiation réelle».

Chez les égyptiens, l'initiation n'était pas une science, car elle ne renfermait ni règles, ni principes scientifiques ni enseignement spécial. Ce n'était pas une religion puisqu'elle ne possédait ni dogme, ni discipline, ni rituel exclusivement religieux mais elle était une école où l'on enseignait les arts, les sciences la morale, la législation, la philosophie et la philanthropie, le culte et les phénomènes de la nature, afin que l'initié connût la vérité sur toute chose. Par exemple, lors de l'apprentissage du sixième degré de l'initiation des prêtres égyptiens (rapporté dans le *Crata Repoa* publié en 1770 par deux Allemands, von Köppen et von Hymmen, suite de textes initiatiques se déroulant en égypte), grade consacré à l'astronomie, le thesmosphore (celui qui était chargé de diriger les initiés) apprenait au néophyte la danse des prêtres dont les pas figuraient le cours des astres[16].

Déjà en 1731, l'abbé Jean Terrasson avait commencé à publier *Sëthos, Histoire ou vie tirée des monuments anecdotes de l'ancienne Égypte, traduit d'un manuscrit grec* en 6 volumes[17].

---

[15] À lire l'article d'Yves Hivert-Messeca, *L'initiation maçonnique entre tradition et modernité*: <tinyurl.com/linitiation-maconnique>.
[16] <tinyurl.com/crata-repoa>.
[17] <tinyurl.com/terrasson-sethos>.

«Sous la forme de fiction, l'histoire contient une description de l'initiation dans les mystères égyptiens anciens. En comparant cette mise en scène dramatique - et d'ailleurs parfaitement imaginaire - au cérémonial de réception en usage dans la Franc-maçonnerie, on fut amené à ne voir en celle-ci qu'une pâle réminiscence des anciens mystères.
Des réformateurs se préoccuperont par suite, d'imprimer au rituel maçonnique un caractère plus conforme aux traditions initiatiques. Il devait viser à former réellement des Initiés, c'est-à-dire des hommes supérieurs, des penseurs indépendants dégagés des préjugés du vulgaire, des sages instruits de ce qui n'est pas à la portée de chacun. Sous l'empire de ces préoccupations, le rituel français des trois premiers grades fut progressivement transformé en un véritable chef-d'œuvre d'ésotérisme[18].

Pour Rudolph Steiner, l'initiation est l'approche des mondes ultra-sensibles. Il en propose des règles pratiques pour en trouver les chemins d'accès avec son ouvrage *Comment acquérir des connaissances sur les mondes supérieurs ou L'initiation*[19].

La Franc-maçonnerie se veut initiatique et progressive. L'initiation maçonnique, c'est l'apprentissage de la profondeur et de la verticalité du réel en-soi, permettant le dévoilement des autres niveaux de perception. Toute la littérature maçonnique nous parle d'une métamorphose du regard, d'un dessillement des yeux. Ce sont nos yeux qui perçoivent le réel et nous savons «qu'il n'y a pas de

---

[18] Oswald Wirth, *La Franc-maçonnerie rendue intelligible à ses adeptes*, 1923, p.14: <tinyurl.com/livredelapprenti>.
[19] <tinyurl.com/steiner-connaissance>.

plus grande initiation que la réalité». Or l'initiation se déroule dans un réel séparé, celui de la loge afin de préserver toutes les dimensions du réel intégrant la valeur primitive d'un langage dit «sacré», car originel comme la parole perdue.

Les épreuves de l'initiation alchimisent l'initié. «Rechercher, découvrir, définir et ressentir sa propre lumière intérieure est inexprimable. On entend en général par initiation un ensemble de rites et d'enseignements oraux qui poursuit la modification radicale du statut social et religieux de l'homme à initier», a écrit Mircéa Eliade. Et d'ajouter, dans *Naissances mystiques*: «Philosophiquement, l'initiation équivaut à une modification ontologique du régime existentiel», une étape dans l'impermanence de l'être.

Le projet initiatique est de provoquer une radicale et fondamentale modification de la pensée et de l'être, de la manière de penser et de la manière de vivre. Il s'agit, comme le disent les vieux rituels, «de passer des ténèbres à la lumière» et, par cette lumière qui illumine, qui dévoile de changer l'être et la vie.
En effet, la finalité de l'initiation n'est pas seulement théorique, mais pratique, surtout éthique. Il ne s'agit pas seulement d'aller vers la lumière et de se reposer dans une vaine et stérile contemplation, mais, par cette lumière, de s'entraîner à une action plus efficace et plus juste. Le vécu initiatique est une orthopraxie de la reliance de l'individu au groupe, du groupe à l'intemporel, de l'Homme au tout. «Une initiation qui ne dépasserait pas le domaine de l'âme, une initiation qui n'aurait pas pour destination le monde de l'Esprit et du mystère, ne saurait être que psychologisme, symbolisme

et jeux de l'intelligence, suprême tentation de l'initié intellectuel» (Francis Bardot).

L'initiation n'a de sens que parce qu'elle permet d'appréhender une certaine idée de l'être et de la vérité qui le constitue, et qu'elle n'a de valeur que parce qu'elle est une découverte, liée à une démarche elle-même vécue comme existentielle et volontaire. En ce sens, on pourrait la rapprocher de la connaissance ou de l'expérience poétique. Paul Valéry écrit que: «L'émotion poétique consiste dans une perception naissante, dans une tendance à voir le monde autrement»[20].

«Les savoirs ouvrent à la compréhension de la réalité, toujours partielle, de la nature; la Connaissance, elle, s'approche de la Source au travers de la vision intuitive de mystères; ses rayons éclairent l'esprit, ce que l'entendement, même poussé à l'extrême, ne permet pas de pénétrer. Il se produit de ce fait un autre effet notable, inhérent à l'objet même de l'initiation: l'accroissement de la valeur humaine, comportementale, morale et spirituelle de l'initié».

L'initiation étant un apprentissage de la vision élevée, devient par ce fait une orthopraxie des niveaux de langages et de représentation du réel dans des mondes graduels. Le but et la fonction de cette vision élevée et progressive sont de dépasser la simple description, pour relater une perception élargie et approfondie de la réalité intégrant l'observateur et l'universel.

---

[20] *À quoi sert encore aujourd'hui une société initiatique comme la Franc-maçonnerie? Les Cahiers Bleus de la Grande Loge Indépendante de France n° 23*: <tinyurl.com/experience-poetique>.

Le projet de l'initiation maçonnique est de permettre à tout homme de devenir un autre homme, un homme véritable, c'est-à-dire de découvrir en lui ce qui est sagesse, force et beauté, de découvrir sa propre spiritualité, ce qui en lui est amour et sa vérité. Pour cela, la lumière qu'il demande lui est donnée. Par ses rites, l'initiation établit le lieu séparé du profane, lieu présumé sacré (le cabinet de réflexion et la loge-temple), par la mise en scène d'un passage qui est à la fois une plongée en soi et l'entrée dans le non-temps et le non-lieu du temple de lumière. Il permet le cheminement des épreuves et leurs mises en pratique ou en perspective spirituelle, aboutissant à la pseudo-mort sacrificielle et à une véritable renaissance en esprit ou en conscience. Puis, vient le temps du serment avec l'appel à témoin de l'autorité surplombante, l'illumination et l'intégration dans la chaîne immémoriale des «initiés». Nous comprenons que l'initiation va étendre le domaine du réel à une dimension symbolique et analogique «éclairante». Atteindre l'amour qui est en soi pour le rendre opératif, telle est la mesure pour celui qui devient alors un initié.

L'initiation maçonnique est un engagement ordinal. La Franc-maçonnerie est un ordre qui s'apparente aux ordres séculiers, aux ordres chevaleresques, au compagnonnage. Un ordre qui a ses règles qui ne contraignent que ceux qui le veulent bien et assument de se conformer (et non d'obéir) à leurs serments et à leur conscience.

L'initiation maçonnique est progressive, c'est-à-dire qu'elle procède par degré, tout comme on monte un escalier fait de marches.

Réflexions sur la Franc-maçonnerie

Une récapitulation de ce qui est enseigné dans les Loges bleues peut être reprise depuis les préambules de l'initiation au 18ème degré du REAA: «Dans la Loge des trois premiers grades, l'adepte est incliné essentiellement vers l'observation, la connaissance et la maîtrise de soi. En tant qu'apprenti, il s'entraîne à écouter, à observer et à méditer.

Le second degré offre au compagnon un choix de moyens pour se réaliser. En l'appelant au travail, en lui présentant les outils symboliques à l'aide desquels il peut édifier sa personnalité et en lui soumettant divers modes d'expression de cette personnalité, ce degré l'incite à utiliser les fruits de sa méditation antérieure au mieux de ses dispositions intrinsèques.

Le grade de Maître lui enseigne les moyens de surmonter sa personnalité en lui montrant les limites que la mort lui assigne et en lui faisant comprendre que, pour dépasser ces limites, il faut élever cette personnalité jusqu'au point ou elle s'identifie à ce qui a la permanence de l'universel et de l'éternel, jusqu'au point ou elle parvient, en quelque sorte, à fondre sa propre entité dans une entité plus vaste.

Toutefois, pour réaliser effectivement cette intégration, trois choses sont indispensables à l'initié. Il faut qu'il apprenne à connaître cette entité plus vaste, le Cosmos, dont il est une réduction; il faut qu'il parvienne au don de soi, à l'amour absolu de ce dont il procède; il faut enfin qu'il sache agir sur le plan de la vie terrestre et sociale pour atteindre ce but qui se trouve être le but même de l'Ordre, puisque celui-ci a pour finalité l'accession de l'espèce à un agencement et à une harmonie qui sont la réplique de l'agencement et de l'harmonie du Cosmos».

Pour Louis Trébuchet l'initiation consiste à «approfondir notre conscience de nous-mêmes, des autres et du monde va nous permettre de transformer notre conscience morale, de la libérer de son asservissement à des présupposés inculqués par la société ou la religion, ce que j'appelle une morale, pour lui donner un vrai fondement personnel, ce que j'appelle une éthique, issue d'une compréhension de plus en plus profonde de nous-mêmes et de ce qui nous entoure». Comme l'écrit Marc Halevy: toutes les initiations impliquent l'accès successif à des niveaux de structuration, de langage, de compréhension, de connaissance, supérieurs qui font entrer, à chaque saut, dans un espace radicalement différent, radicalement hermétique à tous ceux qui sont restés aux étages inférieurs[21].

Mircea Éliade prétendait, dans l'épilogue de son livre *Initiations, Rites, Sociétés Secrètes*: «Il n'existe plus dans le monde moderne aucune forme traditionnelle d'initiation.(…) Certes, il y a encore un certain nombre de sociétés secrètes, de faux groupes d'initiation (…).
Le seul mouvement secret, présentant encore une certaine corrélation, ayant déjà une histoire et profitant d'une certaine estime sociale et politique, est celui de la Franc-maçonnerie».

L'initiation vise la maîtrise de soi; pas celle des autres!

---

[21] Marc Halevy *De l'Être au Devenir*, tome1, p.14: <tinyurl.com/halevy-noetique>.

ÊTRE INITIÉ SE DISTINGUE DE L'INITIÉ À QUELQUE CHOSE.

Alain Rey dans son *Dictionnaire historique de la langue française* précise: le verbe [initier] est introduit en français avec le sens étymologique «admettre à la connaissance et à la participation des mystères de l'Antiquité».
Selon Françoise Bonardel, «au cœur de toutes les religions se trouve un noyau central, de dimension ésotérique et initiatique. Ceux qui préservent ce noyau, ce sont les **Initiés**».

Comme l'exprime Jean-Pierre Schnetzler, dans son article *La perte lors du passage de l'opératif au spéculatif* (p.11): «être initié ce n'est pas seulement apprendre des secrets rares et flatteurs, ce qui serait une pure possession théorique ou spéculative, c'est voir autrement et en réalité les objets de la vie quotidienne, en purifiant sa vision et en se transformant soi-même, grâce à la plénitude unitive de l'œuvre, dans tous ses aspects corporels, affectifs, symboliques et rationnels, religieux, intellectuels et spirituels». En ce sens, le véritable caractère opératif de la maçonnerie de métier est qu'elle permettait d'opérer le passage de l'initiation virtuelle, transmise par les rites véhiculant l'influence spirituelle, à l'initiation réelle, la réalisation spirituelle, grâce à l'usage conjoint de toutes les méthodes efficaces en sa possession. [22]

L'aspect positif de la Franc-maçonnerie spéculative est qu'elle a permis la survivance et la transmission de l'initiation virtuelle aux hommes de désir, suivant l'expression du RER, dans les conditions hostiles d'une

---

[22] <tinyurl.com/operati-speculatif>.

société spirituellement décadente et de plus en plus clivée. La Franc-maçonnerie a gagné en extension mondiale ce qu'elle perdait en profondeur individuelle. L'aspect négatif est qu'elle s'est coupée des moyens de réalisation que sont l'engagement de tout homme dans l'œuvre, l'usage des techniques de méditation et d'invocation, cependant que se développaient les tendances modernistes visant à subvertir la conception même de l'ordre initiatique et à la couper de toute base spirituelle.

«Les initiés sont amenés à retranscrire ce qui est véhiculé par les rites et rituels dans leur corps par le moyen des gestes, paroles et actes, dans le cœur par la maîtrise des émotions et l'ouverture vers l'Amour inconditionnel, et dans l'intelligence par l'écoute, la contemplation, l'intégration de l'unicité du réel. C'est un chemin vers la source de vie, dans toutes ses diversités d'expression et de manifestation…permettant de vivre une spiritualité qui n'appartient ni au passé ni à l'avenir, mais qui est enracinée dans le cœur de l'instant (*Les enfants de Salomon: Approches historiques et rituelles sur les compagnonnages et la Franc-maçonnerie* par Christelle Imbert et Hugues Berton).
Ce n'est pas seulement l'esprit qui illumine (le *«Noûs», signifiant «esprit» ou «intelligence»)*, c'est l'esprit qui transforme et qui nous transforme par cette illumination.

Se prétendrait-il initié, le franc-maçon ferait sourire celui qui l'est.

4 QU'APPORTE LA PRATIQUE DE VIVRE ENSEMBLE EN TENUE MAÇONNIQUE?

La Franc-maçonnerie est un centre d'union polymorphe qui rassemble ce qui est épars sur plusieurs plans: en tant qu'espace d'évolution solitaire, en tant qu'espace de rencontre, en tant que société particulière.

C'est une évidence, l'absence d'un membre de l'atelier coupe l'espace du chantier en deux. Ici et ailleurs. Cependant, les membres de l'atelier, absents à la tenue, peuvent dire leur présence en pensée malgré tout, par le témoignage du Frère ou de la Sœur qui rapporte leurs excuses en loge. Ne pas s'excuser, c'est faire prévaloir, sur le chantier, la prégnance des fantasmes d'abandon, c'est introduire la séparation, la coupure non seulement entre le groupe et l'absent, mais par là même au cœur du groupe. Ne pas respecter le groupe en tant qu'unité, c'est ne pas se respecter soi-même comme appartenant à ce groupe. La responsabilité est un choix et donc une liberté. Travailler en loge fonde le franc-maçon dans sa liberté d'être franc-maçon.

Ne pas transmettre ses excuses sous forme d'obole ou de parole, c'est abandonner le chantier dont la linéarité est celle de l'enchaînement des tenues d'obligation. Mais l'absent sera en manque, car il y a une formation que la tenue en loge peut donner au franc-maçon et qu'il ne peut trouver ailleurs. Quels en sont les aspects?

Elle est un **espace d'évolution solitaire** par le travail et la recherche qui ouvre des voies de la connaissance à partir du travail en loge: la Franc-maçonnerie, par les influences subies à caractère chevaleresque, hermétique, alchimique, compagnonnique, kabbalistique a conservé et rassemblé différents traditions et ésotérismes, c'est ce trésor qu'elle nous offre. Cette synthèse des voies de la connaissance s'appuie sur une méthode d'approche progressive qui se veut initiatique à ces connaissances; le but étant de faire passer le franc-maçon du domaine sensible au domaine de l'intelligible. Elle est un espace de méditation, de réflexion, d'introspection, d'engagement. Elle permet de se renouer avec soi-même, une façon de dire que l'on rassemble ses éparpillements d'êtres pour les réconcilier dans une cohérence solide, une façon de s'accepter tel que l'on est, en se connaissant mieux en soi et à ses limites. Et en vieillissant, cette sérénité est un réconfort inestimable.

La Franc-maçonnerie est une étrange école qui éveille et éduque l'homme au plan moral, intellectuel et spirituel. C'est un outil de développement personnel qui, loin de n'être qu'une gymnastique intellectuelle et spéculative, est avant tout une réelle pratique opérative. Ici l'œuvre n'est pas de pierre mais de chair, d'âme et d'esprit. C'est un travail lent qui présente de grandes difficultés, souvent accompli dans l'ignorance des forces libérées et des résultats acquis. Pas à pas, l'aspirant est conduit le long du sentier de la connaissance de soi. Son caractère et sa nature sont mis à l'épreuve jusqu'à ce que les qualités qui caractérisent la forme soient transmuées en celles qui révèlent l'âme. Par l'interprétation des textes et des symboles, l'homme s'invente et se transforme intérieurement au fur et à mesure qu'il invente de nouveaux sens. S'il en prend conscience lors des évènements et des actes de son cheminement initiatique, c'est parce que les choses et les idées suivent un même ordre causal dans deux séries parallèles et harmoniques: la suite des choses se causant les unes les autres et la succession des idées découlant les unes des autres.

L'espérance ouverte en Franc-maçonnerie est dans la confiance de l'Ordre que chaque frère ou sœur est capable de dégrossir sa pierre pour obtenir sa récompense, la joie d'être soi. Chacun contient en soi son propre *télos* (le but, la cause finale), c'est-à-dire la tendance innée à réaliser ce qu'il est, à tendre vers l'idéal de sagesse, de bienveillance et de félicité qui associe les efforts du corps et de l'âme. Cette idée de force justifie aux yeux de Leibniz, d'une part l'idée d'une finalité à l'œuvre dans le monde, et d'autre part la réalité concrète de la liberté puisque chaque être peut accomplir ou non sa propre fin, décider des modalités pour y parvenir.

En utilisant les rites et symboles de la Franc-maçonnerie avec différentes approches aussi originales que transdisciplinaires, chacun peut atteindre et réaliser, en accédant à la maîtrise… de soi, un véritable art d'être. Plus rien ne sera comme avant car il va passer enfin de l'autre côté du miroir pour en revenir, dans le meilleur des cas, à jamais transformé par le sens.

La Franc-maçonnerie apporte une telle possibilité, en intégrant une pratique du corps et de l'esprit, par une gestuelle et des rituels, par un ensemble des composantes de ce qui nous fonde tant sur le plan personnel, intellectuel que spirituel et nous permet de nous comprendre et de nous mettre en œuvre comme approfondissement des médiations données, entrant plus avant dans leurs textures mêmes, leurs matérialités symboliques ou rituelles, leurs figurations, comme si était requis, ici, un humain se nouant à l'intime, au gré de son travail de reprise de lui-même, en corps à corps avec ce qui lui est donné par le rite.

Elle est un **espace de rencontre**: L'initiation est en premier lieu un changement d'état, l'ego n'est plus identique à ce qu'il était après ce mécanisme, il devient à la fois un «moi» et un «nous», un sur-moi en somme. On apprend à vivre pendant longtemps avec les autres, s'obligeant à prendre la posture de la fraternité, de la solidarité et de la tolérance, ce qui à terme devient une vraie nature et, ancrée au plus profond de nous, suscite un élan sincère, affectueux et respectueux pour l'autre, tout autre fut-il soi-même, que l'on rencontre dans le temple ou surtout à l'extérieur. La rencontre lucide, exigeante, enthousiaste et fraternelle de l'autre fait de nous des symboles vivants en rapprochant ce qui était séparé.

Les rituels et l'imaginaire nous font changer de monde et nous absorbent dans un autre univers presque réel. En fait réel, parce que les émotions sont un espace-temps vécu comme un présent où ce qui est dit devient réalité: *nous avons trois ans et il est midi ou minuit.*

Réflexions sur la Franc-maçonnerie

C'est un sentiment de communauté fraternelle qui s'instaure pour unir frères et sœurs entre eux, c'est pour chacun simultanément un *à part, tout en prenant part.* à l'unisson avec une assemblée de francs-maçons, on éprouve souvent un sentiment de bien-être au milieu des siens, presque une symbiose; le partage des mêmes aspirations avec les autres frères et sœurs nous emplit d'amour pour chacun d'eux.

Depuis des siècles, des francs-maçons ont répété les mêmes paroles de rituels. Chaque degré parle un symbolisme dont la parole, les mots, les rituels sont des clés qui devraient inspirer le maçon. Ces rythmes du vocable, ou des gestuels, produisent des effets. Hors du rituel point d'effet. Le rituel rend une loge capable de s'unifier et d'effectuer ainsi un travail d'ensemble en tant que corps unique fonctionnant d'une manière cohérente. Les coups de maillet répétés, non seulement délimitent dans notre mental l'espace sacralisé, mais surtout réunissent les battements de nos cœurs, en les réinitialisant, par le bruit, sur la même pulsation, nos sursauts en témoignent. L'absent ne peut partager cela. Participer à une tenue fait perdre tout sentiment de sa personne pour devenir une partie, une toute petite partie de cette chaîne qu'est la communauté franc-maçonnique. Ce lien, cette union avec le passé et le présent est un réconfort et un sentiment d'appartenance à une lignée de sagesse, force et de beauté. Même le solitaire peut y trouver le vécu joyeux, non pas tant du lien, que de l'abolition de la séparation.

L'armature des valeurs, des règles et des rites fait de nous **une société particulière**. Comme le dit Régis Debray au cours de son débat avec Frédéric Lenoir: «*Il n'y a pas de* *«nous» sans un point de fuite, un point d'accroche, une transcendance qui ne soit pas forcément surnaturelle, une majuscule permettant la clôture d'une identité qui se donne des frontières, qui permet la coagulation d'un «nous» et permet à ce «nous» de traverser le temps en se renouvelant comme une œuvre de l'esprit qui garde sa jeunesse, celle de l'enthousiasme, sa profondeur d'analyse et de synthèse et assure sa pérennité».*

Dans son fameux *Discours* le Chevalier Ramsay en dit: *«La noble ardeur que vous montrez, Messieurs, pour entrer dans le très ancien et très illustre ordre des Francs-Maçons, est une preuve certaine que vous possédez déjà toutes les qualités requises pour en devenir les membres. Ces qualités sont la Philanthropie sage, la morale pure, le secret inviolable et le goût des beaux-arts».*

Avec ou sans nous en tant qu'individu, la Franc-maçonnerie propose au gré de ses évolutions la recherche de l'ouverture d'esprit, des débats contradictoires dans le respect de la pensée d'autrui, bref tout ce qui fait l'âme et l'honneur du travail en loge et de ceux qui s'y consacrent sincèrement et librement. Il ne saurait exister de vérité finale aussi bien dans le domaine moral que dans le domaine physique, tant que le dernier homme n'aura point déroulé le fil de son expérience, tant qu'il n'aura pas dit son dernier mot. Il faut donc accueillir toutes les contributions personnelles, parce qu'elles peuvent apporter une lumière nouvelle et nous rapprocher de plus «d'humanitude». Un des buts de l'humanisme est d'atteindre un esprit coopératif ou esprit de groupe et le développement de la conscience de groupe. Ainsi doit apparaître le rôle que joue l'unité dans le tout, et l'interaction de ce rôle dans de plus grandes structures. Par le rituel, la Maçonnerie peut apprendre cela. Dans le travail maçonnique et les activités de la loge, les étudiants de l'humanité peuvent voir dépeinte la nécessité pour les hommes de travailler ensemble comme frères. Ils y trouvent ce que Ricœur appelle un vivre ensemble de façon pacifiée, dans des institutions suffisamment justes.

On peut relire la Règle 9 pour les candidats *De l'initiation humaine à l'initiation solaire*, prescrite par Alice Bailey: «Que le disciple se joigne au cercle des autres «moi». Mais qu'une seule couleur les réunisse et que leur unité apparaisse. Ce n'est que lorsque le groupe est reconnu et discerné intuitivement que l'énergie peut-être sagement diffusée». Cette unisson dans le service de l'humanité est fondée sur: l'unité de but; l'unité de vibration; l'identité d'affiliation en groupe; des liens karmiques de longue date; la possibilité de travailler en relations harmonieuses.

Il serait dommage que le précepte «Nous devons réunir ce qui fut épars» soit dévoyé de ses nobles intentions, la vérité étant une multiplicité de chemins divers empruntés par les civilisations successives qu'il nous faut remonter comme à la source d'un fleuve pour en comprendre les complexes plans et non pas une tradition s'appropriant la totalité de ce qui est, fut et sera. «Revenons aux sources», disent-ils… Mais à quelles sources? Et où se situent dans le temps ces rituels plus vieux, donc prétendument plus «purs»? Il y a vingt ans? Cinquante ans? Deux cents ans? Aux rituels pratiquement inexistants de la Grande Loge de Londres et de Westminster de 1717, qui n'étaient qu'un bref catéchisme fait de quelques questions et réponses? À ceux d'une époque où les apprentis étaient une sorte de domestiques qui servaient les Compagnons à table et le grade de Maître n'existait pas encore? D'une époque où il n'y avait pas encore de Bible, ni d'Autel pour l'y mettre, ni même de Grand Architecte de l'Univers?

Nous faisons confiance à l'homme, à nos frères et sœurs en particulier, car nous sommes des optimistes. La mise à distance des questions qui peuvent diviser au lieu de rassembler, tout cela a du sens. Autre chose est d'importer dans les loges, consciemment ou non, des préconceptions ou des convictions figées au-dehors.
Voilà, entre autres, pourquoi nous pensons que nous devrions vivre, à chaque instant de nos tenues, non seulement dans l'observance des rituels mais aussi dans leur exigence, ce qui permettra à chacun de vivre sa différence.

Alors, comme l'écrivait Daniel Pons dans *Le fou et le créateur,* son œuvre maîtresse, et s'adressant à son frère, le créateur humain, celui qui tente de se construire lui-même en harmonie avec la parcelle de l'Unité qui l'habite: «Créateur, mon frère, lorsque tu sentiras ton corps d'éphémère t'abandonner, souviens toi alors que la barque d'Isis est un char qui conduit, vers l'éternité, tous les corps exténués à force de s'être surpassés...»

5 PROPOS SUR LA MORALE

La morale, pour Platon, c'est la connaissance des règles du jeu qui comprend également la politique et le droit d'une société. Dans *La République*, Platon explique que la morale consiste, non pas en ce que veut le peuple, mais en ce que le juste et la justice soient ajustés à l'ordre intelligible du cosmos.

Également en référence à Platon, en vue de la reconstruction de la cité, la mystique Simone Weil appelle «le soleil du Bien» à se lever; pour elle, une nouvelle civilisation, plus humaine, respectant véritablement l'être humain ne peut naître que s'il existe une ferme volonté collective de faire le Bien.

Cette vie morale est indissociable de la liberté. Au-dessus des institutions destinées à protéger le droit, les personnes, les libertés démocratiques, il faut en inventer d'autres, destinées à discerner et à abolir tout ce qui, dans la vie contemporaine, écrase les âmes sous l'injustice, le mensonge et la laideur.

Pour Nietzsche, la morale est la force des faibles coalisés, elle est mortifère car elle interrompt l'élan vital, tout en ne récusant pas l'idée de bon et de mauvais, affaires de circonstances[23].

Aux exigences des bonnes mœurs citoyennes, **la Franc-maçonnerie ajoute des exigences qui lui sont propres**, et tout d'abord l'esprit du lien fraternel. «L'Ordre des Free-Maçons fut institué pour former des hommes et des hommes aimables, de bons citoyens et de bons sujets, inviolables dans leurs promesses, fidèles adorateurs du Dieu de l'Amitié, plus amateurs de la vertu que des récompenses… De sorte que notre Institution renferme toute la philosophie des sentiments et toute la théologie du cœur» écrit le Chevalier Michel de Ramsay dans son fameux *Discours* de 1737.

Car, comme l'écrit Chevillon dans *Le vrai visage de la maçonnerie*, «l'amour prend sa source dans l'universelle fraternité des êtres appelés à une même fin. De cet amour résultent la compassion, la miséricorde, la bonté, la charité et toutes les vertus. Par conséquent, le maçon doit déraciner en lui-même l'égoïsme et avec lui tous les vices dont il est le support, cultiver et élargir sans cesse l'amour et les vertus capables de fleurir sur cette tige embaumée».

Le mot hébreu «tsidakati» (צִדְקָתִי), peut se traduire par «ma droiture», sa racine signifie tout à la fois: innocence, justice, vérité, bonté, faveur, grâce, clémence, bienfait, délivrance!

C'est une aspiration vers un état de perfection, une façon idéaliste de concevoir un futur-être pour l'initié et l'humanité, avec ses kyrielles d'utopies sous-jacentes dont le temple idéal de l'humanité. Ce qui lui est particulier

---

[23] <tinyurl.com/nietzsche-morale>.

c'est le véhicule; c'est-à-dire le rite initiatique. Ce dernier est en effet une allégorie élaborée de la vie qui engendre, chez l'initié, une profonde méditation, une perception et une action intérieure grâce auxquelles l'homme se révèle à lui-même, dépasse ses propres limites et son soi.

Comme pour Kant, la soumission au précepte moral est d'origine interne et procède de la seule voie de la conscience. La loi morale est obéie par respect pour l'impératif catégorique qui retentit en nous-mêmes: tu dois agir de telle sorte que tu traites l'humanité aussi bien dans ta personne que dans la personne de tout autre, toujours comme une fin et jamais simplement comme un moyen.
Mais, ce qui fonde le jugement de quelque chose comme bien ou mal dépendrait-il des conséquences de cette action ou seulement de son intention?

Paul Ricœur, définissant **l'éthique** comme la visée personnelle de l'action qui utilise les outils de la morale, ouvre des questionnements: L'éthique s'appuie-t-elle sur la morale? Ou bien l'éthique se différencie-t-elle de la morale par le libre choix d'un individu qui est une prise de décision spontanée et libre, conforme à la conception du bien et du mal qu'il se fait, sans référence à une morale? «La morale: c'est un code de la société destiné à permettre la survie de l'individu; l'éthique: c'est un code individuel destiné à permettre la survie de la société» (Théodore Sturgeon, *Les plus qu'humains*, p. 289, 1990).

La définition d'Emmanuel Lévinas éclaire particulièrement ce concept. L'éthique n'est pas seulement un discours formaliste mais une attitude.

L'éthique ouvre la possibilité de passer de l'émotion à l'action. Pour Lévinas, on n'est pas homme instinctivement. «On devient homme par la réflexion que l'on a soi-même sur l'homme». Désirer le bien dans l'élan naïf du cœur est nécessaire, mais n'est pas suffisant. La passion, dit-il, doit se méfier de son pathos, devenir et redevenir conscience. Ainsi définie, l'éthique constitue le fait de culture par excellence. Le maître mot de la définition de l'éthique est donné ici à l'étude: la conscience. «L'appartenance à l'homme en tant qu'homme suppose la tradition, la littérature et la science. La justice est difficile à l'ignorant. L'humanisme est une extrême conscience».

L'éthique, c'est «la morale plus l'étude». Nous retrouvons ici l'union de l'âme et du cœur, de l'esprit et du corps. Cette définition s'applique pleinement me semble-t-il à une démarche maçonnique adogmatique et à visée de réflexion sociale. Parler avec son cœur et son vécu émotionnel ne permet pas seul de répondre à la question: «à quoi me servent, en tant que citoyen, les outils symboliques que je manipule?». De plus, l'émotion ne demeure souvent que le produit de notre vécu et donc de notre égo. L'émotion est furtive, changeante et manipulable, surtout lorsque l'on se déplace sur les questions de politiques et de normes sociales. L'abstraction de la réflexion construit la réflexivité de la perception, le miroir de l'esprit, peut-être est-ce cela la conscience.

Devenir franc-maçon c'est aussi apprendre, par l'étude analogique des outils symboliques à passer du ressenti à l'engagement. Mais la réflexion en sens inverse est aussi possible: l'émotion est nécessaire, l'intellectualisation extrême ne construit pas le travail de connaissance humaniste de soi. L'identification de la globalité de chaque individu comme phénomène implique le dépassement d'un existant émotionnel non renié, mais assumé[24].

La connaissance de la symbolique des outils, des mythes utilisés et des rituels atteste que la Franc-maçonnerie veut, par leur approfondissement, permettre d'accomplir une œuvre de perfectionnement de soi en favorisant l'ouverture de la conscience. **La Franc-maçonnerie se définit elle-même comme un système de philosophie morale, à visée personnelle**, enseigné sous le voile de l'allégorie au moyen de symboles; elle est une proposition d'éthique.

La Franc-maçonnerie est une pratique des vertus et un idéal avec sa spécificité quant à ses sources, sa finalité, son contenu, son domaine et sa sanction. La Franc-maçonnerie est un syncrétisme des vertus cardinales héritées de la Grèce antique, des vertus théologales obtenues de la chrétienté et des apports moraux des Lumières du XVIIIe siècle, mâtinés de modernité; elle est une philosophie apportant des réponses à la question de la vie bonne. Pour le franc-maçon, la morale s'apparente au respect d'autrui auquel s'ajoute, surtout, quelque chose de l'ordre de la bonté, de la bienveillance, de la bienfaisance et de la prudence.
À creuser un tombeau pour les Vices, on pourrait oublier d'ériger des autels à la Vertu![25]

---

[24] <tinyurl.com/emotionnel>.
[25] <tinyurl.com/tombeau-vices>.

«La Maçonnerie trouve dans ses traditions un idéal moral que nous croyons au moins égal sinon supérieur à celui des religions; cependant, si les maçons disaient qu'il y a parmi eux plus de vertu effective, c'est-à-dire moins de défaillances que dans un groupe quelconque d'honnêtes gens, nous serions les premiers à rire d'une si outrecuidante sottise». (Pierre Tempels).

LES CODES MAÇONNIQUES

Il s'agit de textes où on y entend aussi la notion de préceptes, de devoirs maçonniques
Le Code maçonnique serait d'origine belge (gravé initialement sur une médaille avec le titre de Préc\ maç\) pour répondre aux accusations d'hérésie, de satanisme et de complotisme des francs-maçons qui ont conduit à leur excommunication de l'église en 1837. Ce Code possède une antériorité maçonnique dans un texte allemand de 1784[26].

Ces préceptes maçonniques ont été traduits pour la première fois en français par Théodore Verhaegen à l'occasion de la planche qu'il a présentée aux Amis Philanthropes de Bruxelles, alors qu'il en était le Vénérable Maître, le 15/11/1833[27].

Certains ont prétendu que ce code fut repris par Grillot de Givry, ajoutant un texte à la fin, avec des références à l'alchimie et à l'ésotérisme, tranchant avec l'esprit

---

[26] <tinyurl.com/code-maconnique>.
[27] Commentaire 22 de Daxad, 29 mai 2020: <tinyurl.com/traduction-code>.

moraliste de l'époque.[28] Dans son ouvrage *Grand Œuvre, XII Méditations sur la voie ésotérique de l'Absolu*, ne se trouve que cette partie, à la Méditation VI datée de 1906[29].

Les herméneutiques, les interprétations des mythes prennent plusieurs directions, mais la plus communément admise et la plus répandue est l'herméneutique moralisatrice. Les créateurs du mythe d'Hiram ont voulu enseigner des vérités morales. Cette herméneutique est aussi propédeutique, le mythe maçonnique a des visées pédagogiques; Se perfectionner, pratiquer la bienfaisance et respecter ses engagements sont les piliers sur lesquels s'appuie l'idéal d'un maître..
Le code maçonnique est une doctrine qui trouve tout son sens par l'engagement et le comportement du franc-maçon en loge et dans la vie profane. Le Code maçonnique constitue, surtout, une référence pour appréhender et comprendre une exigence morale, il est presque une admonition.

Il existe plusieurs codes maçonniques dont les deux exemples ci-après montrent le visage spécifique qui différencie sans opposer deux courants: celui qui se réclame de la Régularité de la GLUA (en trois points, croire en Dieu, pas de femme, pas de discussions politiques) et les autres.

---

[28] <tinyurl.com/reflexion-code-maconnique>.
[29] <tinyurl.com/code-alchimie>.

Réflexions sur la Franc-maçonnerie

6 UN SEUL COMMANDEMENT AURAIT-IL SUFFIT POUR UNE MORALE SOCIÉTALE?

La réflexion éthique est une interrogation sur les actes et les abstentions. La morale gouverne les actes et les abstentions mais aussi les intentions, même si elles restent à l'état caché. La déontologie guide les actes et les abstentions. Le droit s'intéresse aux actes.

> «*Bon appétit, Messieurs! ô ministres intègres! Conseillers vertueux! Voilà votre façon de servir, serviteurs qui pillez la maison*».

Non, il ne sera pas question de Ruy Blas, quoique… mais vous êtes invités à une lecture, ni pieuse ni religieuse, des versets qui se trouvent au 2ème chapitre de la Genèse versets 16 et 17. **Il y est question de l'interdit de manger de l'Arbre de la connaissance.**
Ce texte est traité, en général, de manière réductrice, à la limite de la magie. Si on demande à tout un chacun ce qui se passe autour de ces versets il dira: Dieu avait donné un ordre de ne pas manger d'un certain arbre,

comme si les autres étaient comestibles. Adam et Ève ont transgressé et ont changé l'histoire de l'humanité. Comme si, n'ayant pas su résister à cette seule tentation, ils auraient modifié l'ordonnancement de l'humanité et nous auraient mis dans un sale pétrin.

Et pourtant, des enseignements par des commentaires de ces versets répondent pour nous aider à mieux comprendre notre vie et nos comportements au regard de ce texte, car il ne s'agit pas, à proprement parler, d'un interdit alimentaire, mais de la première injonction morale à l'humanité.

Alors essayons de reprendre les choses. Après avoir créé l'homme, mais avant de créer la femme, D. donne Un seul ordre à Adam au 2ème chapitre verset 16 et 17, ce fut sa première parole à l'humain: «*L'Éternel Dieu donna cet ordre à l'homme: Tu mangeras de tous les arbres du jardin, et* **tu ne mangeras pas de l'arbre** *de la connaissance du bien et du mal, car le jour où tu en mangeras, tu mourras*». Adam, **seul auditeur doit transmettre cette loi** à ceux qui viendront après lui, en l'occurrence Ève. Dans le 3ème chapitre, suite à l'échange avec le serpent, Ève répond: "*Nous mangeons du fruit des arbres du jardin, Mais, "quant* **au fruit de l'arbre qui est au milieu du jardin**, *Dieu a dit: Vous n'en mangerez point et vous n'y toucherez point, de peur que vous ne mouriez. La femme cueillit de son fruit et en mangea; puis en donna à son époux, et il mangea*". Cherchez l'erreur de l'ordre originel: l'homme a mal enseigné à la femme et elle communique dans l'erreur avec le tentateur et si faute il y a, c'est parce qu'il y a faute sur la transmission (comme s'il y avait rupture entre Hochmah et Binah, les séphiroth de la dualité primordiale). Cependant, Adam et Ève en mangent mais ne meurent pas de suite. Ici la mort n'est donc pas qu'un phénomène physique. Mais leur conduite dans l'histoire entraînera l'existence de la mort et en perspective le meurtre d'Abel.

Que signifie alors manger de la connaissance?

Sans occulter le mot «arbre» qui évoque tout ce qui monte de la nature, nous rappellerons seulement que du point de vue symbolique, nous le savons bien ici, l'arbre peut évoquer aussi l'humain dressé entre ciel et terre. Le sachant, ne pas manger de la connaissance, c'est ne pas manger tout ce que symbolise l'arbre. Ce n'est pas l'objet de la nature (les fruits etc…) qui est évoqué ici. Mais alors, que veut dire «manger»? Que veut dire «connaître»?

Manger, c'est satisfaire un besoin corporel, consommer de la nourriture, de la culture, du sexe, c'est ramener à soi le monde pour satisfaire son quant-à-soi, son égo. C'est faire sien, c'est avoir la maîtrise, la domination des choses. Connaître est à l'opposé de manger. Plus on connaît, plus des richesses sont découvertes et laissent apparaître de la complexité et sans s'approprier cela. L'objet de la consommation trouve vite sa satisfaction, on a vite fait le tour, et on a besoin de renouveler le champ du désir. On a besoin alors d'aller connaître ailleurs, au-delà de ce que l'on connaît déjà, dans un ailleurs toujours ailleurs. Pour pouvoir être dans la continuité de la relation à l'autre, cela nécessite de ne pas le réduire à l'objet de notre satisfaction première mais de l'accompagner loin de soi et de lui conserver son étrangeté à nous-mêmes. Nous entendons donc que l'acte de connaître ne peut pas se laisser consommer.

Et pourtant on ne peut dissocier l'acte de manger de l'acte de connaître. Ne serait-ce pas ce qu'a ensemencé le serpent en Ève? Prenons un exemple simple, manger du pain. C'est se rassasier, mais ce morceau de pain peut-être aussi nécessaire à celui qui a faim. Il s'agit d'accommoder mon besoin et de connaître, par rapport à cette nourriture que je consomme, le besoin de celui qui est autre que moi-même. N'est-ce pas le sens du partage du pain au début du banquet d'ordre? Le pain se dit en hébreu לחם de valeur 78. Partager en deux (39) il devient le kouzou (כוזו), la mise en mouvement du tétragramme (en faisant avancer d'un pas chaque lettre du יהוה cela donne כוזו de valeur 39) mais aussi la rosée *tal* (טל de valeur 39). Parce qu'il y a partage du pain et du vin, il y a surgissement par l'éthique de la métaphysique, secret de l'eucharistie. À remarquer qu'en hébreu, «je suis avec [le] pain a pour valeur guématrique 144 de même valeur que l'expression אחלקה qui veut dire «Je partagerai». C'est ce qu'Emmanuel Lévinas développe magistralement dans son livre *Le temps et l'autre*.

Au centre de la pensée kabbaliste, il y a le pain **quotidien**, le pain **azyme**, le pain **du ciel** et le pain **de la honte**.

Le pain est présent dans le cabinet de réflexion. Il prend sens comme nourriture des Mystères, comme triomphe de la vie sur la mort comme dans le tombeau égyptien, comme dans la résurrection évoquée dans la Bible; oui, pareille à la rosée (39) du matin est ta rosée (39): grâce à elle, la terre laisse échapper ses ombres (Isaïe 26,19). Remarquons que le sel (מ ל ח) et le pain (ל ח מ), en hébreu ont la même valeur guématrique, 78, et sont des anagrammes l'un de l'autre. Mais le mot (ל ח מ) signifie aussi la guerre!

À chaque fois que l'on mange, il s'agit de prendre en compte les besoins qui composent la société qui nous entoure. C'est à cela que sert de dire une bénédiction avant chaque repas. Pas seulement pour remercier une hypothétique providence, mais pour considérer, dans le respect de l'égalité en dignité de tous les hommes, que les besoins des autres ne sont pas moins légitimes que les miens, pour qu'il n'y ait pas d'injustice des destins et qu'il y ait un minimum d'équité pour que les autres aient leur part de survie. C'est ce qu'enseigne le père à son fils le soir de la Pâque juive: au «*Quel est le sens des lois de témoignage, des décrets et des lois sociales mentionnés dans la Torah?*», le père répond: "*On ne mange plus après l'afikomane*" (ce morceau de matsa consommé après le repas, qui symbolise l'agneau pascal et qui marque la fin de toute consommation jusqu'au lendemain). La réponse paraît étrange face à la question. En fait, le père ajoute: «*Mon fils si tu veux saisir le sens des commandements il suffit de comprendre le sens de l'afikomane:* **mettre une limite à son appétit de vivre, à sa jouissance totalitaire**». La limite permet de se situer, certes, par rapport à D. qui a donné l'ordre, mais surtout par rapport au prochain qui lui aussi à son propre appétit de vivre. Accepter ou pas un profane est du même ordre. N'a-t-il pas, lui aussi, le droit à la chance d'être F\M\ s'il est libre et de bonnes mœurs? La Franc-Maçonnerie ne nous appartient pas.

Chaque fois que je consomme, je prive le monde de ce que je viens de détruire. Manger de la connaissance c'est ignorer cela et ce serait la mort de la société. Dès que l'on a conscience d'être au monde, se joue, pour moi, le problème suivant: **ne suis-je pas en train de consommer le monde en ignorant ce que je dois connaître pour que le monde survive?**

Dans le premier ordre d'hominisation donné à Adam, dans cette loi tout fut dit. À cause de son échec de la comprendre, elle fut redonnée à Noé, sous la forme des 7 lois noachides.
C'est une liste de sept impératifs moraux, considérée comme le code civil le plus ancien de l'humanité, avec comme commandements:. établir des tribunaux,. l'interdiction de blasphémer,. l'interdiction de l'idolâtrie,. l'interdiction des unions illicites,. l'interdiction de l'assassinat;. l'interdiction du vol,. l'interdiction de manger la chair arrachée à un animal vivant.

Faute de respect, la loi fut répétée dans les 10 commandements et encore diffractée dans les 613 commandements de la loi mosaïque. Les 613 préceptes normatifs délivrés à Moïse, dont 248 positifs (qui imposent certains actes) et 365 négatifs (qui en interdisent d'autres), sont formulés dans les chapitres du Deutéronome 12 à 27. Le nombre 365, celui des préceptes négatifs, est, en plus des jours de l'année, le nombre des nerfs et des tendons dans le corps humain, tandis que le nombre 248, celui des préceptes positifs, correspond au nombre des ossements du corps humain. Le respect de ces commandements, par les juifs pieux, seraient la réparation de la supposée faute de la dégustation de l'arbre de la connaissance et de l'ignorance des lois noachides. En pratique, aucune liste définitive expliquant les 613 lois n'a pu être établie et leur pratique est presque impossible.

Alors, David vint et les réduisit à 11, ainsi qu'il est dit:
. «Celui qui marche dans l'intégrité, qui pratique la justice et qui dit la vérité selon son cœur. Il ne calomnie point avec sa langue, il ne fait point de mal à son semblable, et il ne jette point l'opprobre

sur son prochain. Il regarde avec dédain celui qui est méprisable, il ne se rétracte point, s'il fait un serment à son préjudice. Il n'exige point d'intérêt de son argent, et il n'accepte point de don contre l'innocent. (Psaumes 15:1-5)».

Isaïe vint et les réduisit à six: «*Marcher dans la justice, parler selon la droiture, mépriser un gain acquis par extorsion, secouer les mains pour ne pas accepter un présent, fermer l'oreille pour ne pas entendre des propos infamants, et se bander les yeux pour ne pas voir le mal...*» (Isaïe 33:15).

Michée vint et les réduisit à trois: pratiquer la justice,. aimer la miséricorde, marcher humblement. (Michée 6:8).

Isaïe vint encore une fois, et les réduisit à deux: observer ce qui est droit, pratiquer ce qui est juste. (Isaïe;56,1).

Dans les Actes des Apôtres, Luc raconte que, lors du concile de Jérusalem, sous la présidence de Jacques et en présence de Pierre, on convint d'imposer aux païens qui se convertissaient à la religion de Jésus (qui ne s'appelait pas encore le christianisme), des obligations dont il donne à trois reprises la liste et qui ressemble fort aux commandements noachides:

~ s'abstenir des viandes immolées aux idoles (comparer la troisième loi noachide: *interdiction de l'idolâtrie*),

~ s'abstenir de l'impudicité (comparer la quatrième loi noachide: *interdiction des unions illicites*, c'est-à-dire l'inceste),

~ s'abstenir des animaux étouffés, c'est-à-dire des viandes non-saignées (à comparer à la dernière loi noachide, dont la formulation rabbinique, toutefois, ne correspond pas exactement: *interdiction d'arracher un membre d'un animal vivant*),

~ s'abstenir du sang (comparer la cinquième loi noachide; *interdiction de l'assassinat*).

Vus comme des devoirs, formalisant une morale sociétale, les commandements élaborés par le judéo-christianisme et leurs avatars s'imposèrent par l'exhortation, l'excommunication, la torture, le feu, la lapidation et autres exactions.

Depuis les versets 16 et 17, l'homme a cherché à se donner, d'abord, **des devoirs de sociabilisation puis des droits immanents et supérieurs, des droits «inhérents à sa personne, inaliénables et sacrés», droits naturels, et donc opposables en toutes circonstances à la société et au pouvoir, à travers une législation** qui, aujourd'hui, pose heureusement, en principe, la séparation des pouvoirs religieux et judiciaire à partir d'un socle développé au XVIIIe siècle et qui évolue encore de nos jours: La première génération fut celle des droits de l'homme civils et politiques; puis la deuxième génération celle des droits économiques et sociaux; la troisième génération celle des droits de solidarité; la quatrième génération celle des droits globaux.

Aujourd'hui, les principes des devoirs de l'homme sont devenus, en Europe, les droits de l'Homme inscrits dans la Convention de sauvegarde des droits de l'homme et des libertés fondamentales, usuellement appelée Convention européenne des droits de l'homme.

Les principes sont articulés en 18 articles que l'on peut regroupés en grands thèmes parmi lesquels:

~   *la personne physique* (Art. 2: droit à la vie, Art. 3: interdiction de la torture, Art. 4: interdiction de l'esclavage, Art. 5: droit à la liberté et à la sûreté),

~   *la personne et l'esprit* (Art. 9: liberté de pensée, de conscience et de religion, Art. 10: droit à la liberté d'expression, Art. 11: droit à la liberté de réunion et d'association),

~   *la vie privée et familiale de la personne* (Art. 8: droit au respect de la vie privée et familiale, Art. 12: droit au mariage),

~   *le droit au procès équitable et les garanties procédurales* (Art. 6: droit à un procès équitable, Art. 7: légalité des peines, Art. 13: droit à un recours effectif),

~   *la non-discrimination* (art. 14).

La Convention a évolué au fil du temps et comprend plusieurs protocoles. Par exemple, le protocole N° 6 interdit la peine de mort, excepté en cas de guerre. C'est la Cour européenne des Droits de l'Homme qui est chargée d'en sanctionner leurs transgressions, elle concerne les habitants des 47 pays signataires. Toute personne s'estimant victime d'une violation de la Convention peut la saisir afin de recevoir une indemnisation, contrairement à la Charte universelle des droits de l'ONU de 1948, qui ne prévoit aucune sanction. Si d'un point de vue personnelle ce sont des droits, par leur observance, ils n'en sont pas moins des devoirs, des obligations, puisque leur transgression est sanctionnée. Comme l'écrit Nietzsche: «*Nos devoirs, ce sont les droits que les autres ont sur nous*» (*Aurore*, 1881).

La Convention postule une identité de règles universelles parce qu'elles concernent l'humain. En tant qu'unité, on

peut donc dire qu'on on retrouve avec **la Convention une supra loi morale des temps modernes** régissant les divers systèmes juridiques nationaux. À la différence de la morale religieuse qui veut élever l'humain vers le «vivre ensemble» et surtout vers Dieu, la morale des droits de l'Homme protège l'Homme contre la société, pour lui permettre d'y vivre en égalité de dignité.
Le ciel a laissé place à la terre.

Ainsi les quelques 140000 articles de loi, répartis dans les Codes, qui dirigent notre droit français aujourd'hui et qui sont soumis aux 18 principes fondamentaux de la Convention, ne seraient-ils pas l'image fractale du premier commandement du texte de la genèse pour nous obliger à devenir encore plus humain?

Tu ne mangeras pas du fruit de la connaissance, c'est la reconnaissance de la valeur absolue d'autrui. La liberté est le pouvoir qui appartient à l'homme de faire tout ce qui ne nuit pas aux droits d'autrui: elle a pour principe, la nature; pour règle, la justice; pour sauvegarde, la loi; sa limite morale est dans cette maxime: **ne fais pas à un autre ce que tu ne veux pas qu'il te soit fait**.

Alors mangeons pour nous nourrir de la conscience de l'autre en réalisant la congruence ponctuelle du manger et du connaître et Abel sera épargné.

7 LA FRANC-MAÇONNERIE EST-ELLE UN IDÉAL MORAL?

La question posée suppose que la Franc-maçonnerie soit une morale et un idéal. En prolégomènes il convient donc de s'entendre sur la dimension à donner à la morale en Franc-maçonnerie.

En effet **la notion de morale est ambivalente.**
Au plan spirituel, la morale désigne une éthique transcendantale. Cette morale c'est celle qui habite le saint ou le héros, personnages atteignant la perfection, nous dirions un idéal.
Au plan social, il existe une morale coutumière, adaptée à tel lieu et à tel temps, qui est la morale des honnêtes gens dans une société donnée. Elle traduit les bonnes mœurs qu'il est souhaitable de suivre pour l'harmonie de la collectivité; elle est à la mesure de quiconque et ne réclame aucun élan intérieur ni vertu supérieure. C'est ce minimum de morale sociale qui est exigée pour entrer en Franc-maçonnerie.

Albert Pike, ardent critique des schismes et conflits de pouvoir dans la maçonnerie, ainsi que des jalousies et dissensions entre les rites maçonniques, affirme que la Franc-maçonnerie est «une moralité fondée sur la foi et enseignée par des symboles» dont le «but est de bénéficier à l'humanité, physiquement, socialement et spirituellement, en aidant les hommes à cultiver la liberté, l'amitié et le caractère».

Aux exigences des bonnes mœurs citoyennes, la Franc-Maçonnerie ajoute des exigences qui lui sont propres, et tout d'abord l'esprit du lien fraternel. Car, comme l'écrit Chevillon dans *Le vrai visage de la Maçonnerie*, «L'amour prend sa source dans l'universelle fraternité des êtres appelés à une même fin. De cet amour résultent: la pitié, la miséricorde, la bonté, la charité et toutes les vertus. Par conséquent, le maçon doit déraciner en lui-même l'égoïsme et avec lui tous les vices dont il est le support, cultiver et élargir sans cesse l'amour et les vertus capables de fleurir sur cette tige embaumée». On le voit, à la morale coutumière, la Franc-Maçonnerie associe une morale transcendantale, un idéal moral développé dans nos catéchismes devenus mémentos et dans nos rituels à travers questions et réponses. Ainsi viendront, suivant les grades, des propositions d'élévation morale. C'est une aspiration vers un état de perfection, une façon idéaliste de concevoir un futur-être pour l'initié et l'humanité, avec ses kyrielles d'utopies sous-jacentes, dont le temple idéal de l'humanité. Ainsi la Tradition a transmis parmi les Maçons un grand nombre de préceptes relatifs aux devoirs dont l'ensemble forme un admirable code de morale pratique. La Franc-maçonnerie est une protreptique (discours qui pousse à, discours qui exhorte, qui encourage, qui incite) à visée particulière, enseignée sous le voile de l'allégorie au moyen de symboles; elle est une proposition d'éthique.

C'est, en effet, un trésor conservé dans le patrimoine de l'institution; mais ce n'est pas un corps de doctrine. En donnant la lumière la Franc-Maçonnerie n'impose pas ce qu'elle permet de voir. En prescrivant à *ses* adeptes d'observer le plus strictement possible les devoirs, la Franc-maçonnerie s'adresse à leur probité, à leur honneur, à leurs sentiments, certaine de ne pas contrarier leurs croyances religieuses ou philosophiques. Il s'agit ainsi de promouvoir des valeurs morales et spirituelles, qui conduisent à un perfectionnement individuel sans limite, et à un idéal social. La Franc-maçonnerie se définit elle-même comme un système particulier de morale, enseigné sous le voile de l'allégorie au moyen de symboles. La Franc-maçonnerie est donc bien *une morale et un idéal* au sens de nos définitions préliminaires. Et c'est ce que nous allons montrer.

La Franc-Maçonnerie est une morale **et** un idéal avec sa spécificité quant à **ses sources, sa finalité, son contenu, son domaine et sa sanction.**

Quant à ses sources

Dans le vertige de la documentation, nous retiendrons:
La source opérative ou corporative. Cet aspect professionnel s'exerçait à l'intérieur d'un idéal de fraternité et d'amour du prochain qui incluait des œuvres d'assistance et de charité. Il s'épanouissait au sein de la pratique religieuse intégrale du catholicisme. Le métier fournissait le support de l'ordre initiatique dont les rites permettent d'intégrer tous les aspects de la vie professionnelle à l'entreprise de la réalisation spirituelle. La pratique du métier prenait alors la valeur d'une ascèse véritable. En ce sens,

l'opératif incluait la dimension spéculative et surtout morale.

La source religieuse ou plus exactement biblique. Les plus forts de nos symboles viennent de la Bible. La Franc-Maçonnerie y puise même certaines de ses légendes fondatrices et, donc, il y a, sous-jacente une morale judéo-chrétienne. C'est, d'ailleurs, un pasteur calviniste écossais, James Anderson, qui transmit les fondements de la Maçonnerie spéculative à la future Grande Loge de Londres rapidement devenue la source et le modèle de la Franc-maçonnerie mondiale. L'invocation par laquelle commencent les manuscrits des *Old Charges*, en usage au XVIIIe, atteste la pratique catholique: «Que la puissance du père du ciel avec la sagesse du fils glorieux et la bonté du St Esprit, qui sont trois personnes en une Divinité, soit avec nous».La déchristianisation de la Maçonnerie, sous l'influence de la philosophie des Lumières, s'entend seulement au sens de suppression des références spécifiquement chrétiennes et de l'abandon des célébrations religieuses lors des fêtes de l'Ordre. Mais à regarder de plus près, la Maçonnerie, en Angleterre, quant à elle, laïcise ses rituels, voire ses symboles, pour mieux accueillir de nombreux juifs et partager un minimum commun au centre de l'Union. La Maçonnerie française, quant à elle, se laïcise par rassemblement des forces de «libre pensée» face au cléricalisme et aboutit en 1877 à l'abandon de toute exigence et de toute référence religieuses, si universelles soient-elles. Reste encore le courant mystique chrétien du Rite Écossais Rectifié et son *Code des loges réunies et rectifié* de 1778, qui règlemente ses 4 grades et qui déclare dans son chapitre X qu'aucun profane ne peut être reçu franc-maçon s'il ne professe la religion chrétienne.

De toute façon, la spiritualité du maçon, quelle que soit sa religion est un ésotérisme en ce qu'il se découvre dans sa propre intériorité.

La source chevaleresque a imprégné profondément la Franc-maçonnerie. Plus précisément, la Franc-Maçonnerie est associée à la chevalerie des ordres religieux militaires. Le discours de Ramsay le rappelle et dès 1745 l'appellation «Loge de St Jean de Jérusalem» enracine la Franc-Maçonnerie dans cette tradition. Les hauts Grades, qui ont fleuri au 18ème siècle, comportent encore de nombreux titres de chevalier. Le chevalier était principalement voué à deux devoirs: la bienfaisance et la défense de la religion chrétienne. En prononçant ses vœux, le Chevalier Bienfaisant de la Cité Sainte s'engage: «Ce n'est donc plus par l'épée que vous aurez à défendre la sainte religion chrétienne que vous professez; c'est avec prudence et circonspection que le Chevalier Maçon de la Cité Sainte doit la défendre par ses discours… Il la fait aimer et respecter par une tolérance douce et éclairée, par de bonnes mœurs, par une conduite régulière et par ses bons exemples». Ce qui veut dire que de telles vertus chevaleresques sont des propositions de vie pouvant être réalisées tout aussi bien par des sœurs.

La source mutuelle. En l'absence de toute sécurité sociale, au XVIIe siècle, des loges se créent par association d'artisans, de petits commerçants, de boutiquiers qui vont constituer des groupuscules de solidarité surtout pour se prémunir contre les cas de détresse financière. Ils se réunissent dans des lieux hospitaliers comme les auberges, le plus souvent pour y recevoir les nouveaux membres de leur confrérie. Afin de bénéficier de l'entraide, on se communique des mots, gestes et attouchements de reconnaissance. On peut lire dans un texte de lois et statuts de 1670 de la loge écossaise d'Aberdeen: «Nous soussignés promettons, conformément à tous les serments que nous avons prêtés lors de notre réception au bénéfice du Mot de maçon, de prendre en charge et de soutenir le tronc maçonnique de notre loge d'Aberdeen...» Les fonds de réserve pécuniaires, leur potentialité à répondre à la misère accidentelle de leurs membres devenant insuffisants, ces loges vont se regrouper et constitueront la première Grande Loge de Londres et de Westminster en 1717, ce qui se fera à l'auberge *L'oie et le gril*. La Franc-maçonnerie vient de naître aussi sur la *nécessité de la solidarité*.

Quant à sa finalité

L'idéal de la Franc-maçonnerie est de parfaire l'être humain en développant sa conscience cognitive, morale ou sa spiritualité et de travailler au progrès de l'humanité, L'idéal chevaleresque, c'est d'abord d'aspirer à la vertu, une vertu morale et avoir un comportement, qui soit un comportement d'amour, de tolérance, d'ouverture aux autres, etc.

C'est aussi le combat que nous devons mener pour le bien, comme le chevalier d'autrefois. Ici s'exprime le sentiment d'humanisme. L'homme n'est pas, fondamentalement, solitaire, il est au contraire une relation. Comme le dit Heidegger, son être est un «être-ensemble», *Mitsein*. Il y a en chacun de nous un originaire souci de l'autre, qui serait le Bien, qui fonde l'humain. La Franc-Maçonnerie s'est ancrée sur cette notion d'altérité et l'appelle Fraternité.

Réflexions sur la Franc-maçonnerie

Quant à son contenu

La Franc-maçonnerie offre une voie spirituelle qui est une voie spécifique en dehors de tout dogme et de toute doctrine qui permet à chaque homme de poursuivre son chemin vers la Connaissance. La Franc-maçonnerie propose un idéal de liberté, de tolérance et de fraternité dans le respect des opinions de chacun, laissant à l'homme une liberté de travail qui lui permet de poser son propre rythme et de reculer constamment ses limites sur le chemin de l'élévation spirituelle et morale n'acceptant aucune entrave dans sa recherche.
Les valeurs morales que véhicule la Franc-Maçonnerie ne lui sont pas exclusives: connaissance de soi, amour du prochain, respect de l'autorité légalement constituée, devoir envers un Être Suprême (pour les rites travaillant à la gloire du Gadlu). Ce qui lui est particulier c'est le véhicule; c'est-à-dire, le rite initiatique. Ce dernier est en effet une allégorie élaborée de la vie qui engendre, chez l'initié, une profonde méditation, une perception et une action intérieure grâce auxquelles l'homme se révèle à lui-même, il dépasse ses propres limites, son soi.

La connaissance de la symbolique des outils atteste que la Franc-Maçonnerie veut, par leur approfondissement, permettre d'accomplir une œuvre de perfectionnement de soi en favorisant l'ouverture de la conscience. Les outils remis aux 3 premiers grades donnent une cohérence au cheminement et à la progression morale.

Quant au domaine

Le vrai travail du franc-maçon doit être totalement désintéressé, et accompli sous l'angle du Devoir. Le franc-maçon, en effet, ne revendique pas ses droits personnels d'homme libre et franc, sinon pour accomplir ce devoir. Car il sait bien que ses droits sont relatifs et limités, mais que son devoir est absolu et sans bornes. Aussi, le franc-maçon doit se considérer comme un apôtre, un missionné parmi les hommes, car il doit tendre à devenir, et il doit devenir, à la fois un initié, un illuminé, un homme de cœur, de science et aussi d'action (Charles Chevillon).

Quant à la sanction

La Maçonnerie, neutre au point de vue religieux, ne veut pas de la Morale commune, reposant sur une crainte métaphysique, sur une récompense ou un châtiment post-mortem. Comme pour Kant, la soumission au précepte moral est d'origine interne et procède de la seule voie de la conscience. La loi morale est obéie par respect pour l'impératif catégorique qui retentit en nous-mêmes. Elle se manifeste par les vertus pratiquées. Les vertus sont des attitudes fermes, des dispositions stables, des perfections habituelles de l'intelligence et de la volonté qui règlent les actes, ordonnent les passions et guident la conduite. Elles procurent facilité, maîtrise et joie pour mener une vie moralement bonne. L'homme vertueux est celui qui librement pratique le bien.

La Maçonnerie, ne tend pas seulement à créer parmi ses adeptes des personnalités, à la fois pures et fortes, elle veut illuminer, grâce aux frères et sœurs, les masses dans la mesure du possible, leur faire comprendre la justice et l'équité, le droit et le devoir, les confirmer dans la liberté par la vraie fraternité, par la *caritas generis humani* (l'amour du genre humain) jadis évoquée par Cicéron et les stoïciens. Pour cela il lui faut des veilleurs et des éveilleurs. C'est pourquoi tout son enseignement converge vers l'action; par la science spéculative la F\Maç\ conduit à la science des réalisations, son rêve c'est de construire le temple de l'humanité.

En somme, la Franc-maçonnerie est un syncrétisme des vertus cardinales héritées de la Grèce antique, des vertus théologales obvenues de la chrétienté et des apports moraux des Lumières du XVIIIe siècle, mâtinés de modernité. Un rapport non moraliste à la morale. Un idéal de morale, voilà ce que propose la F\Maç\, nous dirions une philosophie humaniste. Et pour cela le franc-maçon doit être libre sinon il n'aurait pas les moyens de comprendre le devoir.

La Maçonnerie trouve dans ses traditions un idéal moral que nous croyons supérieur à celui des religions.

Cependant, si les Maçons disaient qu'il y a parmi eux plus de vertu effective, c'est-à-dire moins de défaillances que dans un groupe quelconque d'honnêtes gens, nous serions les premiers à rire d'une si outrecuidante sottise.

Réflexions sur la Franc-maçonnerie

8 LA FRANC-MAÇONNERIE EST-ELLE UNE TRADITION?

Parce que la Franc-maçonnerie est souchée sur une histoire de plusieurs siècles, parce qu'utilisant des référents plus ou moins constants, on peut se demander en quoi elle participe des diverses définitions du mot «tradition».

La tradition maçonnique est à entendre comme transmission. Le verbe latin *tradere*, qui a donné à la fois les mots tradition et trahison, signifie avant tout: transmettre. Et ce qui est transmis c'est à la fois un contenu et des modes opératoires. Les cerner, c'est comprendre ce qui est offert, ce qui est retenu. Nous nous poserons deux questions: La Franc-Maçonnerie est-elle une tradition? Et si oui, est-ce une tradition particulière?

Nous allons tenter d'y répondre en confrontant l'esprit de la Maçonnerie avec les définitions du dictionnaire.

Réflexions sur la Franc-maçonnerie

Selon une 1ère définition

«La tradition désigne une doctrine, pratique religieuse ou morale, transmise de siècle en siècle, originellement par la parole et par l'exemple».

La Franc-Maçonnerie ne répond qu'en partie à cette définition. Si notre culture est orale, nos rituels, eux, sont des catéchismes écrits; si nous connaissons les vertus de l'exemplarité, on ne peut toutefois considérer qu'elle transmet une doctrine. Il appert que sa principale caractéristique tient à l'assertion bien connue: «la Franc-Maçonnerie n'invoque aucun dogme». En corollaire: la Franc-Maçonnerie n'est pas dogmatique.

Contrairement à ce que l'on entend quelquefois dans l'un ou l'autre morceau d'architecture, la Franc-Maçonnerie n'est pas une doctrine car une doctrine présuppose une transmission des dogmes. La Franc-Maçonnerie transmet des questions et elle laisse à chacun le soin d'apporter ses réponses et son argumentation. Les plus grands philosophes sont ceux qui n'ont cessé de douter d'eux-mêmes et de se renouveler tout au long de leur carrière. La loge est le réceptacle à l'intérieur duquel peuvent mûrir des pensées grâce aux ferments irremplaçables de la liberté et des échanges. Cet héritage, ce sont aussi les valeurs auxquelles nous restons attachés, tout en les relativisant: la vérité, le sens, la dialectique historique porteuse d'espérance, le progrès, la liberté de conscience, le sens critique, la raison, la science, le respect d'autrui, la fraternité. Ces ferments de l'éthique maçonnique, ce sont eux, qui nous ont attirés vers elle. Peut-on les considérer comme un corps de doctrine?

Selon une 2ème définition

«La tradition c'est une information, plus ou moins légendaire relative au passé, transmise, d'abord oralement, de génération en génération».

Les champs synonymiques de «légende» et de «mythe» placent d'emblée la Franc-Maçonnerie au cœur de cette définition. Les références au temple de Salomon, à ses colonnes, à son architecte Hiram, indiquent clairement des sources légendaires. À noter que ce n'est qu'en 1730, sur fond d'opposition religieuse, que la Grande Loge d'Angleterre, en majorité anglicane, remplace la légende du relèvement du corps de Noé par ses fils évoquée par les presbytériens dans le manuscrit Graham de 1726, par celle d'un meurtre, celle d'Hiram.

Selon une 3ème définition de l'Encyclopédie Universalis

«La tradition est l'héritage par lequel le passé se survit dans le présent».

Les psychodrames des rituels d'initiation mettent en scène des temps mythiques, ceux des commencements. Dans la démarche cyclique, les faits se réalisent à nouveau réellement. Ce n'est pas une simple commémoration, mais une réitération. Les personnages du mythe ou de la légende sont rendus présents, on devient leur contemporain.

Selon une 4ème définition

«La tradition c'est une manière de penser, de faire ou d'agir qui est un héritage du passé».

Elle est alors liée à la coutume, à l'habitude voire à l'usage. Le formalisme de nos rituels pourrait être de cette tradition-là car il permet d'actualiser par le présent ce qui vient d'avant. Toutefois, tout en étant semblable ce n'est plus tout à fait la même chose, comme le fruit n'est plus la fleur qui l'a porté. La tradition, ce n'est pas un passé irréductible à la raison et à la réflexion de ceux qui nous ont précédés, qui nous contraindrait de tout son poids; pour nous c'est le processus par lequel se constitue une expérience vivante et adaptable. L'homme libéré n'a pas de modèle préexistant, parce qu'il n'existe que par une actualisation sans cesse renouvelée de son devenir.

QU'EST-CE QUE LA TRADITION INITIATIQUE?

Ce serait abuser étrangement que croire en la possibilité de ramener, à un concept unique et transcendant, les variétés d'initiations, bien que cette idée d'une unité ne soit pas absente de certains textes fondateurs de la Maçonnerie. Les rites ne sont que des voies particulières de la démarche, ils peuvent différer, le processus initiatique se développera sur des multiples plans, moraux, intellectuels, psychologiques, spirituels, intérieurs et extérieurs. Mais, il est indéniable qu'il y a des fondements communs constitutifs de la Franc-Maçonnerie qui nous sont transmis: l'initiation, la tolérance et la fraternité.

Rappelons-les en quelques mots.
L'initiation qui veut nous faire passer de l'homme de la nature à l'homme de la culture, du vieil homme à l'homme nouveau, elle veut susciter une nouvelle naissance et la rendre possible. Pour atteindre ce but, elle doit utiliser certains moyens, se soumettre à certaines conditions: la première condition, extrinsèque de toute

initiation aux «mystères de la Franc-Maçonnerie», est d'être un homme «né libre et de bonnes mœurs «. La deuxième condition, intrinsèque celle-là, est la mort symbolique du sujet à initier, comme le rappelle Eliade, «la majorité des épreuves initiatiques impliquent une mort rituelle, suivie d'une nouvelle naissance».

La tolérance et la fraternité, ces deux notions vont pouvoir révéler ce qu'elles sont à celui qui, comme Rabelais le préconise, ose rompre l'os pour en déguster la «substantifique moelle».

Il en ressort que la tolérance consiste à accepter que ceux, qui sont comme nous en quête de leur Graal, poursuivent une voie aussi valable que la nôtre, quelle que soit la direction qu'ils empruntent, car la même quête de la Lumière nous unit… pour autant que nous cherchions tous la lumière. Ce qui permet aux compagnons de la quête de se séparer sans dommage, est le fait que tous sont unis, vivifiés par la même Tradition.

La fraternité c'est quand «l'autre», l'ennemi potentiel, est considéré comme une modalité de ce qui est, une part du Tout dont nous sommes aussi une partie. Alors, une fraternité profonde, ce que les bouddhistes appellent «compassion», marquera de plus en plus toute notre vie de son sceau. Ce ne sera plus un code comportemental exotérique qui guidera nos actions, mais ces dernières deviendront l'expression d'une conscience, d'une intériorité. Nous serons en marche, véritablement, dans une voie ésotérique.

LA SPÉCIFICITÉ DE LA FRANC-MAÇONNERIE S'APPUIE-T-ELLE SUR UNE TRADITION PARTICULIÈRE?

Son universalisme en récuse l'idée. Si, à n'en pas douter, les sources des textes fondateurs de la Maçonnerie écossaise sont théistes et ceux de la Maçonnerie anglaise sont déistes, l'ouverture de la Franc-Maçonnerie à l'universalisme a développé un intérêt pour l'étude des religions, qui peut n'être qu'historique; comprendre diverses approches spirituelles permet souvent de mieux comprendre sa propre spiritualité.

Il existe un temps propre à la Tradition maçonnique, mais ce temps-là, indéfinissable, c'est un temps de vie dans l'immédiat, un temps apodictique énoncé par le rituel, aux trois premiers grades, entre midi et minuit. La Tradition maçonnique serait alors un éternel recommencement qui nous obligerait ainsi à sortir de l'historicité. Cette Tradition implique nécessairement la résistance aux modes, facteurs de datation et de fragilité. Sortir du temps classique et de l'historicité, est-ce à dire que la Tradition se soit refermée sur elle-même, sourde et aveugle aux mouvements de la société profane, ou qu'elle soit inaccessible à tous changements? Certes, elle ne peut pas être passéiste, ce serait réintroduire le temps profane mais on pourrait être tenté de lui reprocher son fixisme, son conservatisme ou son immobilisme. Comme ce serait mal la connaître!

La Tradition c'est le noyau peu altérable qui fonde la Franc-Maçonnerie. Elle en assume la solidité et la continuité, la pérennité, la transtemporalité. Mais entendons-nous bien, Tradition n'est pas traditionalisme.

Ce serait la réduire à «un attachement aux valeurs, aux croyances du passé transmises par une seule tradition», comme en donne la définition du Robert. Les croyances sur lesquelles furent fondées les différentes obédiences, à travers l'histoire de la Maçonnerie spéculative, ont non seulement évoluées mais se sont inspirées de philosophies et de spiritualités souvent opposées les unes aux autres. Quelle source oserait se prévaloir sur les autres? Pire encore si on considère le traditionalisme en tant que «doctrine d'après laquelle on doit conserver les formes politiques et religieuses traditionnelles, alors même qu'on ne saurait les justifier intellectuellement». La Tradition maçonnique n'est pas dans de tels contenus car elle n'est surtout pas dogmatique ni étroitement prescriptive.

La tradition maçonnique est mouvement, démarche, méthode au sein des loges, au moyen des rituels. La Loge maçonnique veut donner à l'homme d'aujourd'hui, comme elle a donné à celui d'hier, les outils symboliques qui lui permettront de se retrouver dans sa vérité et de se conquérir dans sa liberté. L'initiation maçonnique nous permettra d'entrer dans la voie. Mais c'est à nous seul qu'il appartient de suivre la voie, à nous seul qu'il appartient par notre effort et notre patience, notre intelligence et notre volonté, de passer de l'initiation «virtuelle» à l'initiation «réelle», de transformer une promesse en une réalité, une espérance en une certitude, un chemin de connaissance en un chemin de vie; c'est une invitation au travail qui incombe au maçon.

Le rituel, quant à lui, induit des postures cognitives telles que les secteurs de la réalité et du savoir, qui sont concernés par l'attitude, constituent avant tout des mystères construits par lui; ces mystères donnent un sens à l'individu, au monde qui l'entoure et qu'il transformera, selon son appropriation, à travers ses activités maçonniques et profanes.

Et c'est dans la chaîne d'union que se reçoivent et se déversent, dans la posture physique de l'entrelacs des mains, ce flux d'augmentation de l'être obtenu au cours des tenues.

Tel est l'esprit de la tradition de la Franc-Maçonnerie. L'intelligence spirituelle viendra ôter le voile de la lettre, ou le voile qu'est la lettre, afin d'en dégager l'esprit. Alors qu'importe la lettre?

Sans présumer d'une spécificité unique de la Tradition maçonnique, nous pouvons dire que celle du Droit Humain se situe sur le terrain de l'éthique et de l'humanisme. Les épreuves spéculatives ne sont à considérer que comme l'indication que pour être conforme à ce que nous promettons dans les temples, il faudra déployer de réels efforts dans le monde profane et s'y sentir particulièrement responsables. Arrêtons-nous un instant, avec Annick de Souzenelle, sur ce dernier terme, «responsable», pivot de l'éthique, dont l'échelle des valeurs est le moyen. Laissons-le se révéler. «Responsable», contient deux sens cachés: *res-ponsa* que l'on peut rendre par «quelque chose qui a du poids, du prix, de l'importance», et *res-ponsa* qui est «ce que l'on épouse, ce à quoi l'on est uni par amour». Au cœur de la responsabilité, il y a donc le prix et l'amour, la valeur et la joie. C'est à un rapport à la Création riche de ces qualités que conduit une échelle des valeurs harmonieuse et cohérente avec le réel.

Pour conclure, au regard des définitions, **la Franc-Maçonnerie serait, dirions-nous, une Tradition non traditionaliste.** C'est dans la déclaration des principes des obédiences que se retrouve ce fond sur lequel se fait le consensus d'une manière d'être franc-maçon et que nous pourrions appeler la Tradition maçonnique.

Réflexions sur la Franc-maçonnerie

9 CHOISIR SA FRANC-MAÇONNERIE

Audemus sapientiam, nous osons le [sage] savoir

MAIS QU'EST-CE DONC LA FRANC-MAÇONNERIE?

On pourrait commencer par dire que la Franc-maçonnerie ce n'est pas une secte, ni une religion, ni son substitut, ni une association d'entraide. C'est un principe spirituel; deux choses, qui n'en font qu'une, le constituent: un passé et un présent. L'une est la possession en commun d'un legs sous forme de rites, l'autre est le consentement actuel, la volonté de continuer à faire valoir l'héritage qu'on a reçu.

On considère généralement que les Loges et les francs-maçons qui les composent véhiculent la philosophie des lumières, et expriment une sorte de rationalisme de la connaissance et de l'action; ainsi, on assimile très souvent le franc-maçon à un rationaliste impénitent, voire à un matérialiste. En 1860, notre frère Pierre Joseph Proudhon écrivait dans ses *Travaux maçonniques*: «Le

Dieu des Maçons n'est ni Substance, ni Cause, ni âme, ni Monade, ni Créateur, ni Père, ni Verbe, ni Amour, ni Paraclet, ni Rédempteur, ni Satan, ni rien de ce qui correspond à un concept transcendantal. Toute métaphore est ici écartée. C'est la personnification de l'équilibre universel. Il est l'architecte; il tient le compas, le niveau, l'équerre, le marteau, tous les instruments de travail et de mesure. Dans l'ordre moral, il est la Justice. Voilà toute la théologie maçonnique».

Sans doute, mais **on oublie, que dans de nombreuses loges maçonniques, un attrait indiscutable pour les sciences occultes s'était déjà développé dans une pensée traditionnelle, une résurgence de ce qu'on appelle l'ésotérisme.** Ainsi, au 18ème siècle, à côté des maçons comme Voltaire, Hume, Lalande, d'Holbach, on trouvait également dans les loges des maçons comme Martinez de Pasqualy, Willermoz, Mesmer, Louis Claude de Saint Martin, Joseph de Maîstre qui sont, eux, des adeptes fervents de l'occultisme, de l'ésotérisme.

Au risque de contrarier les libres penseurs, la Franc-maçonnerie a longtemps labouré le même terrain que la mystique juive, chrétienne, chevaleresque, égyptienne, celui de l'alchimie, de la gnose, des arts libéraux et des confréries opératives; il en reste des symboles avec leurs herméneutiques. En effet, comme le reconnaissent les Grandes Constitutions du REAA de 1786, la Franc-maçonnerie intègre, dans sa réflexion, les traditions populaires, mythologiques, philosophique, hermétiques et religieuses, afin d'y rechercher ce qui peut révéler le sens de la destinée de l'homme et la signification de l'aventure humaine[30].

Voilà ce qu'en disait Éliphas Lévi: *«ils ont eu les templiers pour modèles, les rose-croix pour pères et les Joannites pour ancêtres. Leur dogme est celui de Zoroastre et d'Hermès, leur règle est l'initiation progressive, leur principe l'égalité réglée par la hiérarchie et la fraternité universelle; ce sont les continuateurs de l'école d'Alexandrie, héritière de toutes les initiations antiques; ce sont les dépositaires des secrets de l'apocalypse et du Zohar; l'objet de leur culte c'est la vérité représentée par la lumière; ils tolèrent toutes les croyances et ne professent qu'une seule et même philosophie; ils ne cherchent que la vérité, n'enseignent que la réalité et veulent amener progressivement toutes les intelligences à la raison».*

Quiconque aura tenté, par ses recherches, de visiter l'histoire maçonnique, restera déconcerté par la multitude

---

[30] Les principales sources identifiables qui ont fait évoluer le Rite écossais ancien et accepté sont bien connues: La tradition du corporatisme des marchands médiévaux, celle du compagnonnage des tailleurs de pierre écossais et la piste chevaleresque: templière, en 1314, à Kilwinning et teutonique, avec Frédéric II de Prusse, qui signe les Grandes Constitutions du REAA en 1786. Chacune de ces sources lui ont apporté ses traditions qui ont fusionnées en un même syncrétisme:
. La tradition hermétique issue des anciens égyptiens et des arabes,
. Orphique et pythagoricienne, héritage de la période hellénistique,
. Kabbaliste avec l'apport hébraïque,
. Johannite gnostique avec le christianisme primitif.
. Le courant hermétique

des rites qui ont existé ou existent encore. Bien plus, ces Rites peuvent nous paraître si différents les uns des autres que la réalité ultime, déjà bien difficile à saisir de la Franc-maçonnerie, peut subitement sembler inaccessible. Tous ces rites divers se combattent ou se fusionnent en systèmes bigarrés, incomplets, remplis de contradictions. Oui, la Franc-maçonnerie s'est structurée au fil des siècles autour d'une grande diversité de Rites et de traditions, ce qui a entraîné la création d'une multitude d'Obédiences qui ne se reconnaissent pas toutes entre elles. Parce que la visée d'un rite est aussi un enseignement moral, les diverses références mythologiques choisies par les rites (le mythe est la parole dans laquelle le rite vrai s'exprime), montrent toutefois un œcuménisme ontologique sur les interrogations humaines fondamentales, la vie, la naissance et la mort. Les différences entre tous ces rites sont généralement minimes en ce qui concerne les trois premiers degrés fondamentaux de la Franc-maçonnerie, et ne deviennent substantielles qu'au niveau des degrés additionnels et facultatifs parfois nommés «hauts-grades» ou «Ordres de sagesse».

Alors, quel est le principe sous-jacent de la Franc-maçonnerie ?

En France, comme l'écrivait Bruno Étienne, la Franc-maçonnerie a produit deux maçonneries qui cohabitent, *volens nolens*, bon gré malgré, depuis trois siècles. La première a pour slogan «liberté, égalité fraternité» et entend participer activement à la construction de la société idéale. La seconde a pour devise «Sagesse, force, beauté» et préfère travailler à la construction du Temple de l'Humanité à partir de la construction du temple intérieur par la maîtrise de l'ego. L'une est extravertie, progressiste, mondaine; l'autre est tournée vers l'intérieur, progressive, mystique. En ce qui concerne les objectifs de la franc-maçonnerie, et au risque de caricaturer un peu, on pourrait dire que le Grand Orient de France, peut-être en raison de ses rapports étroits avec les pouvoirs successifs, développa très vite dans ses loges un intérêt pour la résolution des problèmes de société, et au niveau national chercha à peser sur le pouvoir pour faire avancer les solutions progressiste qu'il préconisait. Alors que la Franc-maçonnerie anglo-saxonne, plus discrète se consacrait principalement au progrès et à l'éducation du franc-maçon lui-même. Ce qui ne veut pas dire que cette Franc-maçonnerie n'eut pas à certains moments une influence décisive sur une société alors en pleine évolution, mais ce fut, et c'est toujours, plutôt à titre individuel.

Peut-on, sans schizophrénie excessive, appartenir aux deux tendances? (Le Monde daté du samedi 9 septembre 2000) Bruno Étienne pensait que non. Rappelons-nous des origines: en 1722, en même temps qu'était en préparation le texte des Constitutions dites d'Anderson, dans lequel on pouvait voir sous l'obligation du simple déisme de la religion naturelle une proclamation de tolérance[31], paraissait à Londres une édition du texte

---

[31] Bien qu'étant une innovation majeure, ce concept pour beaucoup fut une preuve de renoncement, voire de reniement; la Grande Loge de Londres n'eut de ce fait pendant longtemps qu'une influence restreinte, sa juridiction étant limitée aux seules cités de Londres, de Westminster et à leurs banlieues. Pendant ce temps, la plupart des loges surtout en province, étaient réticentes à aliéner leur indépendance et elles continuaient à respecter les anciennes obligations du métier.

«Anciennes Constitutions» dites de Dermott dont l'article premier stipule «je dois vous exhorter à honorer Dieu dans sa Sainte Église, à ne pas vous laisser aller à l'hérésie, au schisme et à l'erreur dans vos pensées ou dans l'enseignement d'hommes discrédités». Démenti cinglant à Anderson, à Désaguliers et surtout à Newton, un an avant la parution de la 1ère édition des Constitutions d'Anderson.

Ces conflits ne sont pas anodins. Il touche à l'essence même de l'identité maçonnique. Celle-ci, doit-elle vivre repliée sur elle-même et ne s'attacher qu'aux textes primitifs et à sa tradition orale, ésotérique et mystique? Ou bien doit-elle être constamment ouverte au monde, aux sciences, à la philosophie et aux évolutions des mœurs de la société? En s'appropriant le monopole de l'interprétation républicaine, en s'identifiant à la seule République, la Franc-maçonnerie ne risque-t-elle pas de perdre sa capacité à guider les néophytes vers l'initiation au profit d'un tangage dans les courants à la mode du monde profane?

CHOISIR SA FRANC-MAÇONNERIE

Choisir un courant est donc important car la Loge et son rite induisent un changement dans la vie personnelle de ses membres, une correspondance existant entre le macrocosme d'une Loge et le microcosme de chaque franc-maçon qui y travaille.

Maçons, Loges, Obédiences[32], autant de «systèmes» en relations, comme emboîtés les uns dans les autres, reliés tout en gardant chacun, à son niveau, ses devoirs et ses prérogatives. Cette conception de système (comme l'indique les racines grecques du mot[33], organisation, ensemble, mettre en rapport, instituer, établir) provient de l'idée de **monade** c'est-à-dire d'une image du tout, chacun étant à la fois une monade et un composé de monades, chacun offrant un point de vue particulier sur le tout. C'est l'une des significations profondes de ce qui nous est donné par le ternaire qui conduit à l'unité, ternaire qui est le fondement philosophique et spirituel de la Franc-maçonnerie.

La Maçonnerie met en perspective ses monades en plaçant la Loge en un point symbolique médian de l'axe qui les relie, où s'effectuent les changements d'échelle entre le tout de l'Obédience et ses parties élémentaires, autrement dit selon l'expression bien connue: les maçons sont des abeilles dans la ruche qu'ils ont choisie. Les rites/rituels et cérémonies mobilisent, canalisent et orientent l'Énergie collective, (chaos et cosmos) pour transférer sur le plan conscient, les bases sur lesquelles s'édifient, se structurent et s'harmonisent les Communautés.

Les règles et les rituels, outils de connaissance et de conscience, sont difficilement conciliables dans la démultiplication des Obédiences, conciliation schizophrénique nous a dit Bruno Étienne. En reprenant

---

[32] Merci à Patrick Carré pour son article *Newton et Leibniz, aux fondements de la pensée maçonnique*: <patrick-carre-poesie.net/spip.php?article1211>.

[33] σύστημα, **sústêma**, « συνίστημι, **sunistēmi** (établir avec).

les théories sur la monade de Leibniz (secrétaire de la Rose-Croix) et de Newton (qui a influencé Désaguliers), tous deux savants aux fondements de la pensée maçonnique, on va essayer d'éclairer leur difficile coexistence.

«Ces deux penseurs cultivaient une vision d'interconnexion holistique, c'est-à-dire *formant un ensemble solidaire, dont les diverses parties ne peuvent se comprendre que par le tout*. Ces éléments ultimes, appelés «monades», sont à la fois des centres de forces physiques et des centres d'expériences mentales reflétant l'univers. Selon les propres termes de Leibniz, «chaque monade est un miroir vivant représentatif de l'univers suivant son point de vue, et aussi réglé que l'univers lui-même».

Le newtonisme est une philosophie progressiste, inspirée des théories d'Isaac Newton, faisant vœu de transposer l'harmonie du monde céleste dans une harmonie du monde humain.
Comme pour Spinoza, la philosophie newtonienne est un naturalisme. Le naturalisme ne cherche pas à déterminer ce qui est juste ou bien, mais ce qu'il pense exister dans la nature.C'est sur cette revendication de ce qui est naturel ou contre-nature que le naturalisme veut imposer ce qui devrait être ou ne pas être.

Le newtonisme remet en cause la scolastique.
Jean Théophile Désaguliers est le premier à percevoir l'ampleur de la révolution newtonienne tant pour la physique que pour la représentation du monde. Il développe ces idées et les fait connaître du grand public dans son Cours de philosophie expérimentale. Cette

philosophie naturaliste inspire fortement les Constitutions d'Anderson des francs-maçons.

Dès ses débuts, la Franc-maçonnerie spéculative reprend les idées newtoniennes. On peut lire dans le livre de Willam Preston *Illustrations of Masonry* de 1781[34] les instructions du deuxième grade au rituel anglais: «C'est la contemplation de la nature et l'observation de la beauté de ses proportions qui a incité l'homme à imiter le plan divin et à étudier l'ordre et la symétrie. Ainsi naquirent la vie en société et tous les arts utiles».
La religion catholique à laquelle se réfère Anderson désigne, au sens étymologique, la religion universelle.
L'influence de la Royal Society, à laquelle appartenait Isaac Newton, est incontestable dans les prémices de la maçonnerie spéculative: «Il faut accueillir librement des hommes de religion, pays et professions de vie différents (…). Parce qu'ils professent ouvertement, non de vouloir la fondation d'une philosophie anglaise, écossaise, irlandaise, papiste ou protestante, mais d'une philosophie de l'humanité».

Voltaire fut un zélé propagandiste du newtonisme en France.

Au déisme de Newton qui *regardait l'Univers comme un cryptogramme composé par le Tout-Puissant* répond celui de Leibniz, pour qui *Dieu agit en parfait géomètre*, déterminant ainsi deux types de croyance. Avec Newton, les francs-maçons admettent l'existence d'un Être suprême, éternel, infini, intelligent, créateur, conservateur et souverain maître de l'univers qui préside à tous les mouvements et

---

[34] <tinyurl.com/illustrations-de-maconnerie>.

à tous les événements qui en résultent, mais qui restreint son action à simplement s'assurer du bon fonctionnement de l'univers, sans se préoccuper des affaires humaines. Ces déistes n'attendent donc aucune faveur de la Providence, et préfèrent s'abstenir de tout culte, quel qu'il soit. J'ajouterai la position de Spinoza qui écrivait: «Dieu n'est pas quelque planificateur qui se serait fixé un but et qui jugerait des choses selon la manière dont elles se conforment à ses intentions. Les choses ne sont qu'à cause de la Nature et de ses lois. La Nature n'a aucune fin prescrite ... Tout dans la nature se produit avec une nécessité éternelle. Croire en autre chose c'est succomber aux mêmes superstitions qui résident au cœur des religions organisées».

La Maçonnerie des déistes aura en priorité pour mission de propager les idées philosophiques défendues par la *Royal Society*, notamment la tolérance, la philanthropie, l'entraide, la liberté religieuse, les libertés individuelles, le cosmopolitisme et le progrès des sciences au profit de la société. C'est ce que l'on appelle le courant maçonnique historique des *Moderns*.

Pour d'autres, comme avec Leibniz, un Être suprême, éternel, infini, et intelligent gouverne le monde avec ordre et sagesse, suivant dans sa conduite les règles immuables du vrai, de l'ordre et du bien moral, parce qu'il est la sagesse, la vérité, et la sainteté par essence. Les règles éternelles du bon ordre sont obligatoires pour tous les êtres raisonnables. L'Être suprême n'est pas indifférent, mais intervient directement dans son œuvre pour l'orienter vers le bien. Nous dirions qu'ils sont théistes. Les théistes pratiquent en priorité un travail spirituel individuel, dans le cadre d'une exploration personnelle du divin, pour être en mesure d'atteindre et de dépasser les niveaux et degrés successifs d'un perfectionnement intérieur, et paradoxalement commun à tous les êtres engagés sur ce même chemin de perfectionnement. C'est le courant maçonnique historique des *Ancients*.

On peut ainsi mettre en évidence trois principaux courants maçonniques

~ Le courant déiste repose sur un grand principe créateur indéterminé et inconnaissable. Il n'y a ni Dieu nommé, ni prières. L'homme se dépasse par la transcendance.

~ Le courant théiste qui reconnaît la croyance en une intervention divine et qui recoupe le projet des trois grandes religions monothéistes. Le salut est recherché en faisant le bien, ceci constitue l'accomplissement personnel. C'est la base de la morale chrétienne et des anciens devoirs.

~ Le courant laïc fortement impliqué dans la cité, situe sa réponse du comment dans l'unique raison humaine, chacun est libre de créer des liens dans le domaine de l'esprit pour son devenir après la mort. Ce qui compte c'est le progrès de l'humanité.

Dans tous les cas, la Franc-maçonnerie n'est pas une société parfaite ni une société de parfaits, c'est une école de perfectionnement. L'initiation n'est jamais qu'une traversée plus intense et plus étendue des possibilités de la raison. Comme l'écrit Kant en 1785, «par l'exercice conjoint de sa raison et de sa liberté, l'homme, et cet homme est celui des Lumières, sort de sa minorité, devient majeur, s'émancipe, il s'affranchit».

Mais de quoi s'émancipe-t-il, de quoi s'affranchit-il?

Il s'affranchit des ténèbres, de la nuit, de l'obscurité, ce qui signifie pour l'homme du 18e siècle, de l'esprit dogmatique, du fanatisme sous toutes ses formes, mais aussi des sentiments et des passions, des préjugés et des préventions. Le véritable esprit d'examen consiste surtout à se dépouiller de la pensée qu'on tient la vérité. De ce perfectionnement, elle fournit les outils et elle en enseigne le mode d'emploi; à chacun de nous, ensuite, de les mettre en œuvre, ce qui exige de la peine et du temps, de la patience, de la persévérance, du discernement, et beaucoup de constance. La Franc-maçonnerie n'est pas faite pour fabriquer des surhommes. Les héros, les saints, ce n'est pas son affaire. Son affaire, c'est de réaliser des hommes et des femmes authentiques, ou plutôt que nous nous réalisions nous-mêmes comme authentiques. Nous venons en loge pour travailler, sur nous-même et sur le monde, à la recherche de la connaissance de notre être intérieur et des mystères de l'Univers. La FM offre une **connaissance par participation.**

POUR CONCLURE JE ME PERMETTRAI DE VOUS DONNER MON POINT DE VUE PERSONNEL.

Comme Michel Barrat dans son livre *La conversion du regard*, je dirai: «Si la maçonnerie moderne se tournait vers la question de la transcendance en oubliant sa tradition humaniste ou si, au contraire, au nom de son devoir de défendre l'humanisme, elle oubliait sa vocation spirituelle, l'authentique démarche maçonnique serait alors mutilée».

Pour ma part, je ne veux qu'être un franc-maçon libre dans une loge libre pour poursuivre cette expérience personnelle existentielle avec le doute fécond devant le mystère de la vie et de la mort, et l'esprit éveillé à tout ce qui n'est pas encore moi. Je suis sur la voie qui veut s'affirmer par elle-même, sans que rien ne lui soit imposé de l'extérieur, celle qui ne condamne pas le choix des autres, celle qui s'est même nourrie – de la voie imposant le dogme de la croyance définie à l'anglo-saxonne – comme de la voie opposée qui, elle, a rayé de ses constitutions la référence du Grand Architecte de l'Univers. Le chemin d'action, le chemin de la connaissance, le chemin de la méditation ou même celui de la dévotion, tous sont les moyens de mener au perfectionnement de soi. Aucun n'est inférieur ou supérieur. Je dois choisir le chemin qui s'entend avec ma nature pour élargir le réel. Je n'ai pas besoin de critiquer ceux qui empruntent d'autres chemins. Je préfère les ponts et les passerelles: ils ne cachent pas l'horizon, ils invitent à la rencontre. Cette voie consiste à rassembler ce qui est épars en en faisant la synthèse dans la tolérance, en laissant à chacun sa liberté de pensée dans un système composé d'éléments de différente nature mais reliés entre eux, et qu'il convient donc d'appréhender de façon globale et interdisciplinaire, en prenant en compte les interactions qui s'y jouent. Vous conviendrez avec moi que la Franc-maçonnerie soulève des problématiques relevant aussi bien de l'histoire (origines, emprunts culturels et invention d'une tradition propre, évolution des obédiences et des rites…), de l'anthropologie et de la sociologie (efficacité des mythes et des pratiques rituelles, modes de recrutement des futurs initiés, sociabilité fondée sur le secret, l'entre-soi et la fraternité…), que de la philosophie (schèmes de pensée ternaires invitant à un dépassement des oppositions dualistes, approche constructiviste de la réalité, quête d'une connaissance de type gnostique…); mais aussi de la psychologie (mécanismes psychologiques à l'œuvre dans le processus initiatique), de la sémiotique (production de signes verbaux et non-verbaux singuliers), des sciences de l'éducation (forme d'apprentissage reposant principalement sur une méthode inductive et un travail herméneutique).

Mon travail de cherchant solitaire n'est pas toujours facile. Je fonctionne en dehors des dogmes et des vérités révélées. Le moteur c'est le doute qui guide vers une recherche d'équilibre qui ne peut être que précaire. Cette recherche est perpétuelle. La mise à distance des questions qui peuvent diviser au lieu de rassembler, tout cela fait sens pour moi. C'est ce que nous devenons dans nos loges qui doit rayonner au dehors et non importer dans les loges, consciemment ou non, des attitudes ou des convictions figées au-dehors. Je fuis les certitudes qui sont sclérosantes et procurent un confort apparent qui nous confine dans l'illusion. C'est pourquoi je dirai que mon chemin d'initiation n'est jamais que la dévoration de mon ego par la clarté de nos flambeaux au profit d'un maître intérieur que j'essaye de faire vivre.

Voici les interrogations posées au Convent de 1785, par le fondateur du Rite de Philalèthe, Charles-Pierre-Paul Savalette de Langes, dans le but de discuter de nombreux points importants en rapport avec la Franc-maçonnerie qui pourraient encore nous inspirer.
Art. 1er. Quelle est la nature essentielle de la science maçonnique et quel est son caractère distinctif?
Art. 2. Quelle époque et quelle origine peut-on lui attribuer raisonnablement?
Art. 3. Quelles sociétés, ou quels corps ou individus

peut-on croire l'avoir anciennement possédée, et quels sont les corps par lesquels elle a successivement passé pour se perpétuer jusqu'à nous?

Art. 4. Quelles sociétés, quels corps ou individus peut-on croire en être, en ce moment, les vrais dépositaires!

Art. 5. La tradition qui l'a conservée est-elle orale ou écrite?

Art. 6. La science maçonnique a-t-elle des rapports avec les sciences connues sous le nom de sciences occultes ou secrètes?

Art. 7. Avec laquelle ou lesquelles de ces sciences a-t-elle le plus de rapports et quels sont ces rapports!

Art. 8. Quelle nature d'avantages doit-on attendre de la science maçonnique?

Art. 9. Quel est celui des régimes actuels qui serait le meilleur à suivre, non comme coordination générale, mais comme le plus propre à faire faire aux disciples zélés et laborieux de prompts et utiles progrès dans la vraie science maçonnique!

Réflexions sur la Franc-maçonnerie

10 LIBERTÉ, ÉGALITÉ, FRATERNITÉ DE L'IDÉAL AU RÉEL?

Liberté, égalité, Fraternité. Ces 3 mots qui représentent des valeurs humanistes fortes, partagées par plusieurs pays ou institutions qui en ont fait leur devise, ont une origine historique incertaine: maçonnique pour certains, révolutionnaire ou républicaine pour d'autres.

En effet, les recherches engendrées par le Bicentenaire de la Révolution montrent que l'antériorité maçonnique de la devise Liberté, Égalité, Fraternité n'a aucun fondement concerté au sein des obédiences et des rites maçonniques de l'époque considérée.
De nombreuses anecdotes peuvent expliquer les rivalités d'attribution de l'origine de la devise. On a retrouvé à la Bibliothèque Nationale une trace de la création, par le GODF, d'une loge militaire portant le titre distinctif «Liberté, égalité, Fraternité» sise à l'orient de la Légion franche étrangère. Cette loge a été installée le 14 mars 1793 par la Respectable Loge «Amitié et Fraternité» (Orient de Dunkerque). Certes, il s'agit d'un titre distinctif, d'un nom de loge; or, ce titre de la loge est

évoqué à chaque tenue, au moins deux fois, à l'ouverture et à la fermeture des travaux comme aujourd'hui. De là à en faire une devise… la chose est d'autant plus facile qu'une loge militaire se déplace et reçoit de nombreux visiteurs.

Portées par la Renaissance, ces trois valeurs se sont retrouvées au sein de différents courants de pensée humaniste soucieux de lutter contre l'injustice et l'arbitraire. La maxime «Liberté, égalité, Fraternité» puise ses origines au XVIIIe siècle, le siècle des Lumières.

LA DEVISE LIBERTÉ-ÉGALITÉ-FRATERNITÉ

En 1755, dans une ode à la gloire du gouvernement helvétique, Voltaire associe implicitement les 3 termes: «La Liberté! J'ai vu cette déesse altière avec égalité répandant tous ses biens…Les états sont égaux et les hommes sont frères». Mais c'est Rousseau qui, dans son Discours sur l'économie (1755), propose cette triade comme une des bases du Contrat social.[35]

La devise n'est toutefois pas officiellement constituée en 1789 et, contrairement aux idées reçues, elle ne devient pas une création officielle de la Révolution, bien qu'elle en incarne certaines valeurs clefs. Seuls les deux premiers termes ont été associés dans la Déclaration des Droits de l'homme du 26 août 1789: «Les hommes naissent et demeurent libres et égaux en droit».

C'est en 1790 qu'Antoine-François Momoro, second couteau sanguinaire, révolutionnaire de la Terreur, qui finira sur l'échafaud avec son compagnon de route Jacques Hébert, propose comme devise au Club des

---

[35] <tinyurl.com/contrat-social>.

Cordeliers, liberté, égalité, fraternité. Ce slogan, pétri de chimères, sera repris par Lamartine comme principe de la République et sera inscrit pour la première fois dans le préambule de la Constitution du 4 novembre 1848.

Pour d'autres, la première triple association est attribuée à Robespierre à la 16ème proposition de décret dans son discours prononcé en décembre 1790 lors de la création des Gardes Nationales: «*Elles[les gardes nationales] porteront sur leur poitrine ces mots gravés: Le Peuple français, & au-dessous: Liberté, égalité, Fraternité*». Les mêmes mots seront inscrits sur leurs drapeaux, qui porteront les trois couleurs de la nation». Cette expression a accompagné l'aventure révolutionnaire de Juin 1793 jusqu'au Consulat en 1799. À partir de 1793, les Parisiens, rapidement imités par les habitants des autres villes, peignent sur la façade de leur maison les mots suivants: "unité, indivisibilité de la République; liberté, égalité ou la mort". Mais ils sont bientôt invités à effacer la dernière partie de la formule, trop associée à la Terreur… Comme beaucoup de symboles révolutionnaires, la devise tombe en désuétude sous l'Empire. Elle réapparaît lors de la Révolution de 1848, empreinte d'une dimension religieuse: les prêtres célèbrent le Christ-Fraternité et bénissent les arbres de la liberté qui sont alors plantés. Lorsque rédigée la Constitution de 1848, la devise Liberté, Égalité, Fraternité est définie comme un principe de la République. Sans avoir été devise officielle, l'expression a tout de même marqué les esprits et s'est imposée comme le symbole des acquis politiques et sociaux révolutionnaires, comme un programme politique et, à terme, comme un point de ralliement pour les républicains.

De 1790 à 1830, la devise n'est plus utilisée; suivent des années de grande tension sociale et politique qui aboutissent à la Révolution de février 1848.

La IIe République consacre l'expression après que le gouvernement provisoire l'ait employée dans sa première déclaration le 24 Février 1848. Cette année-là voit l'apparition de la devise sur le drapeau français, Lamartine, qui n'était pas franc-maçon (mais qui adhérait à l'idéal libéral maçonnique), proclama la IIe République et déclara: «Sur le drapeau national sont écrit ces mots: République Française, Liberté, égalité, Fraternité, mots qui expliquent le sens le plus étendu des doctrines démocratiques dont le drapeau est le symbole, en même temps que ses couleurs en continuent la tradition».

L'importance du mot liberté à cette époque est à comprendre comme l'abolition de l'esclavage qui promeut tout individu au niveau d'un être humain; il ne sera plus un objet mais un sujet.

Boudée par le Second Empire, la devise finit par s'imposer sous la IIIème République. La IIIe République coïncide avec la renaissance de l'expérience républicaine et la réactivation de la devise triptyque en 1871.

C'est dans son ouvrage de 1875 intitulé *Le droit et la Loi* que Victor Hugo écrit: «**Liberté, égalité, Fraternité... ce sont les trois marches du perron suprême. La liberté, c'est le droit; l'égalité, c'est le fait; la fraternité c'est le devoir**».

Cependant, il faut attendre la révision constitutionnelle de 1879 pour que soit prise la décision de réinscrire les trois mots à tous les frontons des bâtiments officiels. On observe toutefois encore quelques résistances, y compris chez les partisans de la République: la solidarité est parfois préférée à l'égalité qui implique un nivellement social et la connotation chrétienne de la fraternité ne fait pas l'unanimité.

La devise est réinscrite sur le fronton des édifices publics à l'occasion de la célébration du 14 juillet 1880.

Le périple de la triade s'achève glorieusement puisque la Constitution du 4 octobre 1958 l'impose comme la devise constitutionnelle de la République française.

Elle fait aujourd'hui partie intégrante de notre patrimoine national. On la trouve sur des objets de grande diffusion comme les pièces de monnaie ou les timbres.

L'USAGE MAÇONNIQUE DE LA DEVISE

En franc-maçonnerie, la devise va progressivement devenir l'acclamation (dans certains rites seulement)

Un des plus anciens documents où **l'égalité et la liberté** sont formellement présentées comme points principaux de la doctrine maçonnique est un ouvrage (cependant antimaçonnique écrit par l'Abbé Larudan) de 1747, *Les francs-maçons écrasés* où on peut lire p.299: «de portier l'ouvre et demande à l'aspirant: s'il a vocation à la liberté, à l'égalité? Il «répond que oui, on l'introduit». Plus loin p. 313 «de soir de sa réception, on ne lui dit autre chose, sinon que la liberté& l'égalité sont l'unique but de la Société»[36].

L'égalité et la liberté sont également invoquées avec insistance comme principes régulateurs, dans la première circulaire du Grand Orient. Celle de 1775 les présente comme «l'apanage précieux des francs-maçons».

---

[36] <tinyurl.com/francs-macons-ecrases>.

Dans sa circulaire de 1791, la Mère Loge du Rite Écossais Philosophique, St Jean du Contrat Social on peut lire: *«Bien des siècles avant que Rousseau, Mably, Raynal, eussent écrit sur les droits de l'Homme et eussent jeté dans l'Europe la masse des Lumières qui caractérisent leurs ouvrages, nous pratiquions dans nos Loges tous les principes d'une véritable sociabilité. L'égalité, la liberté, la fraternité, étaient pour nous des devoirs d'autant plus faciles à remplir que nous écartions soigneusement loin de nous les erreurs et les préjugés qui, depuis si longtemps, ont fait le malheur des nations».*

Le premier Compte rendu lors de la reprise des travaux de la GLDF le 24 juin 1795 commence par cette devise.

En 1877, le pasteur Frédéric Desmons propose la formulation suivante qui va être adoptée «La Franc-maçonnerie est une institution essentiellement philanthropique, philosophique et progressive, elle a pour objet la recherche de la vérité, l'étude la morale universelle, des sciences et des arts et l'exercice de la bienfaisance. Elle a pour principe la liberté absolue de conscience et la solidarité humaine. Elle n'exclue personne pour ses croyances. Elle a pour devise Liberté, égalité, Fraternité».

«Que la Liberté soit l'assise du Temple, Que l'Égalité en soit la Clé de Voûte, Que la Fraternité soit le Ciment du Temple» comme il est dit au Rite Français Philosophique, 2017.

La liberté comme base, l'égalité comme moyen, la fraternité comme but.

En 1849, au GODF, l'acclamation devient *Liberté, égalité, Fraternité* en lieu et place de *vivat, vivat, semper vivat*.

Réflexions sur la Franc-maçonnerie

En ces temps, Adolphe Crémieux, franc-maçon et membre du Gouvernement Provisoire, reçut une délégation des Loges maçonniques et prononça au nom du Gouvernement, la phrase suivante: «Dans tous les temps, dans toutes les circonstances, sous l'oppression de la pensée comme sous la tyrannie du pouvoir, la maçonnerie a répété sans cesse ces mots sublimes: Liberté égalité, Fraternité!» Jules Barbier de la délégation maçonnique a ajouté: «Nous saluons des acclamations les plus vives le Gouvernement républicain qui a inscrit sur la bannière de la France cette triple devise qui fut toujours celles de la Franc-maçonnerie: Liberté, égalité, Fraternité».

Pour le Rite écossais, Adolphe Crémieux, devenu Souverain Grand Commandeur du Rite écossais ancien et accepté en 1869, entreprit de refondre les Règlements Généraux du Rite qui dataient de 1846. Entre autres propositions, il souhaitait inclure à la fin de l'article II, la phrase: «*l'Ordre Maçonnique a pour devise Liberté, égalité, Fraternité...*» Sur ce point précis, point d'opposition; le blocage portait sur l'invocation au GADLU. Ce blocage suivi de la guerre franco-allemande, de la surveillance des loges par la police (1874), du début des actions anticléricales ont détourné les préoccupations des francs-maçons du Rite écossais. Finalement, la devise maçonnique fut affirmée dans un décret datant du 2 décembre 1873 avec effet le 1er mai 1874. Le GODF explicite que cette triple devise est la transformation logique, naturelle et progressiste des devises anciennes: foi, espérance, charité.[37]

---

[37] Cahier des grades capitulaires (du 4e au 18e degré): Rituel des Chev[aliers] Rose-Croix, 1890: <tinyurl.com/rituel-rosex>.

Au REAA, après les batteries, on retrouve les acclamations Houzza Houzzé Houzzé, ou bien Liberté Égalité, Fraternité. Au RER, Vivat–vivat–semper vivat. Au ROPM: Vie! Force! Santé! L'acclamation est doublée avec le ternaire Liberté, Égalité, Fraternité. Au Rite MM, l'acclamation Liberté, égalité, Fraternité est souvent suivie ou «couverte», en France, par une seconde acclamation «***Unité, Continuité, Stabilité***» en hommage à l'Ordre. Spécifiquement au Rite de Misraïm, l'acclamation qui remplace ou couvre Liberté est «***Adonaï, Adonaï, Adonaï***», du nom d'un des aspects de la divinité dans la tradition israélite. Il est des obédiences, telle le OITAR, qui ont remplacé la devise, lorsque cela se présente, par «***Liberté Équité Amitié***» ou par «énergie, émulation, altruisme».

Il est à l'honneur de la Franc-maçonnerie française, et latine en général, d'avoir nourri cette devise, d'en avoir perçu le caractère fondateur et d'en avoir favorisé la synthèse dans le temple et dans le monde profane. Pour le franc-maçon, cette devise possède une force symbolique intrinsèque dont il prend la mesure lorsqu'il la prononce en loge après l'acclamation écossaise[38].
Cette devise est le «principe de la véritable sociabilité maçonnique». Alors comme le dit notre TCF Christian Roblin: devisons gaiment[39].

---

[38] Jean-Robert Daumas: <tinyurl.com/liberte-egalite-fraternite>.
[39] <450.fm/2023/04/15/devisons-gaiment/>.

Réflexions sur la Franc-maçonnerie

LA FRANC-MAÇONNERIE EST-ELLE UNE SPIRITUALITÉ DE LA LIBERTÉ?

«Nous sommes des Maçons libres, c'est-à-dire, pour qui sait l'entendre, des artisans de notre propre bonheur, qui sans porter de rebelles atteintes aux lois civiles et religieuses, travaillons sur des plans tracés par la nature et compassez par la Raison, à reconstruire un édifice moral dont le modèle exécuté dans les premiers âges du monde, nous est conservé par l'idée universelle de l'Ordre» (l'*Almanach des Cocus ou amusemens pour le beau Sexe pour l'année MDCCXLII auquel on a joint un recueil de Pièces sur les Francs-Maçons* de 1742, comportant, outre la Réception d'un Frey-Maçon du chevalier Hérault, une suite de discours prononcés en loge à l'occasion de rencontres entre Ateliers ou pour servir à l'instruction des Apprentis[40].

L'expression «**libre et accepté**» est adoptée dans la deuxième édition du Livre des Constitutions dites d'Anderson, en 1738, dont le titre devient *Le Nouveau Livre des Constitutions de l'Ancienne et Honorable Fraternité des Maçons* **Libres et Acceptés**. Dans la première édition de 1723 le titre était, *Les Constitutions des francs-maçons*. Le titre plus récent continue à être utilisé par la Grande Loge d'Angleterre, suivi par celles de l'Écosse et l'Irlande; une majorité des Grands Loges aux États-Unis ont adopté le même style et se disent Grand Loges de Maçons libres et acceptés.

Mackey dans son *Encyclopédie de la Franc-maçonnerie*[41] explique les termes, libre et accepté, à partir des anciens

---

[40] <tinyurl.com/reception-herault>.
[41] <tinyurl.com/mackey-encyclopedie>.

textes utilisés en Angleterre qui donnent le récit suivant de leur origine: Les maçons qui furent choisis pour construire le Temple de Salomon furent simplement déclarés libres et furent exemptés, avec leurs descendants, des droits et des impôts. Ils avaient aussi le privilège de porter des armes. Au cours de leur déportation à Babylone, Cyrus leur donna la permission d'élever un second Temple, les ayant mis en liberté à cette fin. C'est de cette époque que nous portons le nom de Maçons Libres et Acceptés [sic].

La déclaration du Convent de Lausanne en septembre 1875 (qui réunit les Suprêmes Conseils de onze pays) proclame la liberté comme le bien le plus précieux: «la liberté, patrimoine de l'humanité tout entière, rayon d'en haut qu'aucun pouvoir n'a le droit d'éteindre ni d'amortir et qui est la source des sentiments d'honneur et de dignité».

La liberté n'est pas de refuser des obligations auxquelles le franc-maçon consent (la Franc-maçonnerie est un Ordre, ses membres s'engagent, par serment, à observer scrupuleusement les prescriptions de la Constitution internationale, les statuts, les Règlements généraux et à défendre l'Ordre) **mais de mesurer avec sa liberté** de conscience s'il peut continuer à s'obliger, à adhérer, face aux contraintes de l'autorité de tutelle. Il ne peut renverser sa dépendance en liberté pour se rendre à son tour maître de sa situation qu'à la condition de reconnaître en conscience la pleine valeur de cette liberté et de se tenir pour responsable de ce qu'il met en œuvre pour la conquérir.

Dans l'étude lexicographique des rituels, c'est à partir de 1840 que l'on voit l'utilisation du concept de liberté prendre de l'importance.

Certaines personnes se battent concrètement pour leur liberté, leur choix et leurs engagements, défiant les obstacles, les dangers et les lourdeurs de l'habitude. Elles accomplissent de nouveaux horizons pour se transformer et transformer aussi le monde qui les entourent.

La démission de tout membre de la Franc-maçonnerie, son retrait demeure sa liberté absolue.

La liberté juridique ou civile consiste dans le droit de faire tout ce qui n'est pas défendu par la loi. Elle se présente comme une prérogative ouvrant à son bénéficiaire, lorsqu'il le désire, un libre accès aux situations juridiques qui se situent dans le cadre de cette liberté. Une liberté est en principe non définie ni causée (susceptible non pas d'abus, mais d'excès); elle est également, en principe, inconditionnée (ainsi se marier ou non, contracter ou non, acquérir ou aliéner, tester, faire concurrence à d'autres commerçants…). Cette liberté personnelle est cependant à compléter par la reconnaissance de celle de l'autre: **ce que vous voulez que les autres fassent pour vous, faites-le aussi pour eux (Luc;6,31). Alors ma liberté commence là où commence celle de l'autre**, «car pour être libre, il ne suffit pas de se libérer de ses chaînes, il faut vivre en respectant et en augmentant la liberté des autres»[42].

Le franc-maçon transforme sa liberté en autonomie et responsabilité.

---

[42] Nelson Mandela.

La liberté de conscience est irréductible en Franc-maçonnerie.

On peut en trouver l'expression dans l'article 18 de la Déclaration universelle des droits de l'Homme de 1948[43]: «Toute personne a droit à la liberté de pensée, de conscience et de religion; ce droit implique la liberté de changer de religion ou de conviction ainsi que la liberté de manifester sa religion ou sa conviction seule ou en commun, tant en public qu'en privé, par l'enseignement, les pratiques, le culte et l'accomplissement des rites». Cette Déclaration consacre l'article 11 de la Déclaration des Droits de l'Homme et du citoyen du 26 août 1789: «La libre communication des pensées et des opinions est un des droits les plus précieux de l'Homme: tout Citoyen peut donc parler, écrire, imprimer librement, sauf à répondre de l'abus de cette liberté dans les cas déterminés par la Loi»..

Toutefois cette déclaration n'était qu'une résolution de principe non obligatoire.

À l'opposé, la Convention de sauvegarde des droits de l'Homme et des libertés fondamentales, communément appelée Convention européenne des droits de l'Homme, signée à Rome le 4 novembre 1950 a un caractère obligatoire à travers les sanctions et le fonctionnement de la Cour européenne des droits de l'Homme. Dans son article 9, cette Convention précise de façon explicite la liberté de conscience:

~ Toute personne a droit à la liberté de pensée, de conscience et de religion; ce droit implique la liberté de changer de religion ou de conviction, ainsi que la liberté de manifester sa religion ou sa conviction

---

[43] <un.org/fr/universal-declaration-human-rights/>.

individuellement ou collectivement, en public ou en privé, par le culte, l'enseignement, les pratiques et l'accomplissement des rites.

~ La liberté de manifester sa religion ou ses convictions ne peut faire l'objet d'autres restrictions que celles qui, prévues par la loi, constituent des mesures nécessaires, dans une société démocratique, à la sécurité publique, à la protection de l'ordre, de la santé ou de la morale publiques, ou à la protection des droits et libertés d'autrui.

Encore faudrait-il définir la conscience!

Cette liberté s'étend aux convictions morales et philosophiques qui découlent des choix faits, à la liberté d'opinion, en particulier politique. Toutefois, l'Administration, qui ne peut pas écarter les convictions politiques, peut éventuellement prendre en compte l'extériorisation de ces convictions.

Les clauses de conscience sont de plus en plus nombreuses à la lumière de la diversité sociale (par exemple, des dispenses peuvent aussi être accordées pour que des personnes ne travaillent pas un jour religieux).

Le rite permet à tous les francs-maçons de concilier liberté de conscience et Art royal; la liberté de conscience a pour corollaire la Tolérance sans laquelle la Franc-maçonnerie adogmatique ne pourrait se revendiquer en tant que Centre de l'Union. La liberté de conscience ouvre la possibilité d'adhérer ou non selon son libre arbitre à telle ou telle religion. La liberté de conscience, au sens strict du terme, s'inscrit donc dans la sphère de la question de la liberté religieuse. La liberté de penser, plus large encore, confère à l'homme la possibilité d'user de sa raison pour pousser sa recherche du vrai jusqu'où il le peut sans rencontrer aucune entrave, fût-elle religieuse. Ainsi du XVIIe siècle au XVIIIe siècle où les défenseurs de la liberté de conscience comme Bayle et ceux de la liberté de penser comme Spinoza s'inspirent soit de références bibliques soit de la critique scripturaire naissante pour affirmer non seulement le droit à la liberté de conscience et de penser mais encore la nécessité de cette liberté pour le progrès de l'homme. L'originalité de la maçonnerie spéculative consiste précisément à affirmer cette double nécessité mais dans le cadre d'une quête spirituelle. Ce n'est qu'au convent du GODF de 1877 que sera abandonnée la référence au Gadlu. L'après-Convent de 1877 conduit à des retouches plus hardies. En 1879, le Grand Collège des Rites, chargé par le Conseil de l'Ordre du Grand Orient, fait disparaître des rituels les formules trop ouvertement religieuses, comme la référence au Grand Architecte de l'Univers, les devoirs envers Dieu au 1°, l'explication métaphysique de la lettre G au 2° et l'invocation à Dieu du signe d'horreur au grade de maître. En 1886, une commission de 12 membres, présidée par l'avocat Louis Amiable (1837-1897), procède à une nouvelle révision adoptée en Conseil de l'Ordre les 15-16 avril. Le nouveau rituel français, qui prendra le nom de son principal rédacteur, est accompagné d'un *Rapport sur les nouveaux rituels pour les loges* rédigé par Amiable lui-même. Ce codicille explique que le nouveau texte, en partie inspiré des rituels du Grand Orient de Belgique, se réfère grandement au positivisme. Sa philosophie générale est la «neutralité entre les diverses croyances» et le fait que les données certaines fournies par l'état actuel de la science devaient être par nous mises à profit».

La Franc-maçonnerie offre une voie spirituelle qui est une voie spécifique en dehors de tout dogme et de toute doctrine, qui permet à chaque homme de poursuivre son chemin vers la Connaissance. La Franc-maçonnerie propose un idéal de liberté, de tolérance et de fraternité dans le respect des opinions de chacun, laissant à l'homme une liberté de travail qui lui permet de poser son propre rythme et de reculer constamment ses limites sur le chemin de l'élévation spirituelle et morale n'acceptant aucune entrave dans sa recherche.

La liberté de conscience est le fondement de la laïcité.
S'il était besoin de le démontrer, écoutez notre TCF Christian Roblin dans le podcast de France Culture enregistré le 18 avril 2021, Liberté de conscience et laïcité[44].

On ne confondra la liberté de conscience avec la libre pensée. «La libre pensée est un courant de pensée diffus qui refuse tout dogme et milite en faveur d'une pensée libre où aucune idée révélée, décrétée, ou présentée comme une certitude, ne fait autorité, en particulier dans les questions religieuses. La réflexion est guidée par la raison et les religions révélées sont vues comme des obstacles à l'émancipation de la pensée. Par extension, le terme est utilisé lorsqu'on s'affranchit de toute croyance religieuse».
Un franc-maçon ne saurait être seulement libre, il doit, aussi, être de bonnes mœurs
En effet, ce sont les deux qualités nécessaires à tout profane qui souhaite entrer en Franc-maçonnerie.

---

[44] <tinyurl.com/liberte-de-conscience>.

Réflexions sur la Franc-maçonnerie

Au début du XVIIIe siècle, l'instruction, le pouvoir, la représentativité étaient uniquement masculins et l'on doutait encore à cette époque qu'une femme puisse avoir une âme; en fait, elle était considérée comme légalement mineure, donc non libre de l'autorité de leur père ou du mari. Alors comment imaginer une femme en Franc-maçonnerie? On comprend mieux pourquoi, dans les Constitutions fondatrices, la Franc-maçonnerie lui était interdite. La Franc-maçonnerie était le reflet de la société de l'époque. À remarquer qu'en ce temps, il n'y avait naturellement pas de Juifs en Maçonnerie, puisque ceux-ci, comme les femmes, étaient privés de droits civiques avant la Révolution Française. Aucun règlement maçonnique n'avait besoin de préciser ce qui allait alors de soi.

Dans le contexte du Royaume d'Angleterre, au début du XVIIIe siècle, «être libre» était en fait très précis et lié:

~ aux *Liberties* des Cités face à la Couronne, notamment de la Cité de Londres, écrite dès 16 juin1215 dans la *Magna Carta,*

~ aux privilèges des guildes (*Liveries* aujourd'hui, et toujours en usage) d'affranchir des hommes pour en faire des *freemen* dans les Cités et Bourgs.

~ aux Charges attribués aux *Freemen* élevés au statut de *Liverymen*, chargés de réglementer les affaires de la Cité ou du Bourg (édicter de nouvelles lois et taxes locales, régler des actes de Justice).

~ Pour être un *freeman*, deux possibilités principales étaient offertes:

~ obtenir *rédemption* par achat et après 7 années d'apprentissage minimum obligatoire auprès d'un *Freeman,*

~	obtenir *rédemption* par achat (mais plus cher bien sûr).

Être *Freeman* permettait de monter une affaire et d'être autorisé à travailler dans la Cité ou le Bourg, plus une zone d'exclusivité et réglementée de quelques miles autour (de 1 à 8 miles selon la Guilde/Livery). Il s'agissait d'une règle de Corporations dont ils se portaient également garant de la qualité des produits et services (surveiller par les Maîtres et Surveillants des Liveries). Il y avait un aspect protectionniste des marchés économiques et des savoir-faire, puisqu'il était interdit dans les *Liveries* d'embaucher des apprentis qui n'étaient pas fils de *freeman* (pas d'étrangers, pas d'esclaves). Dans le plus ancien texte connu des Devoirs anglais, le *Manuscrit Regius* (ou Halliwell), daté de la fin du XIVe siècle, il y est clairement spécifié que «de maître doit bien veiller à ne pas prendre de serf comme apprenti, ni à en engager un par obstination, car le seigneur à qui le serf est lié peut venir le chercher où qu'il se trouve». Il y est encore dit que «l'apprenti doit être bien né, de naissance légitime». Ainsi, ces constitutions laissaient clairement entendre qu'il fallait être fils de *freeman*. James Anderson l'était d'ailleurs, puisque fils d'un Maître verrier d'une Loge de la Cité d'Aberdeen (il fut d'ailleurs Maître de Loge et a reconstitué le Livre des Marques des membres de la loge).

Dans les tout premiers textes de la maçonnerie opérative il était écrit: «né libre et de bonnes humeurs» qui devient «libre et de **bon r**enom» ensuite, et pour insister sur les valeurs morales, est devenu «libre et de bonnes mœurs». Les deux notions fréquemment accolées de *mœurs* et de *coutumes* perdurent de l'Antiquité jusqu'au XIXe siècle. Si la première regarde les manières d'être comme implicitement structurées par des systèmes de valeurs, la seconde désigne des habitudes, et donc des systèmes de pratiques.

À la première fête solsticiale d'hiver qui suivit la fondation du Grand Orient, le 27 décembre 1773, un discours sur le caractère et le rôle de la Franc-maçonnerie fut prononcé par le F. Henrion de Pensey. On remarquera ce qu'il dit des «bonnes mœurs»: «Les [bonnes] mœurs, aussi bien que les lois, sont les colonnes sur lesquelles repose la prospérité des empires. Avec des mœurs on se passerait de lois. Sans les mœurs, les plus sages règlements sont inefficaces».

Aux exigences des bonnes mœurs citoyennes, la Franc-maçonnerie ajoute des exigences qui lui sont propres parmi lesquelles l'esprit du lien fraternel. À la morale coutumière, la Franc-maçonnerie associe une morale transcendantale, un idéal moral développé dans les catéchismes devenus mémentos et dans les rituels à travers questions et réponses. Ainsi viendront, suivant les grades, des propositions d'élévation morale.

C'est avec un regard malicieux que notre TCF Fouqueray nous demande si l'application de la devise par les frères et sœurs est bien réelle!

Les trois fêtes de pèlerinage à Jérusalem, prescrites par la Torah sont: pour la Liberté (Pessa'h), pour l'Égalité (Souccot) et pour la Fraternité (Chavouot).

11 UNIVERSALISME ET LOCALITÉ

Si les buts de la FM sont universels, ils s'expriment de façon polymorphe. Pourquoi vouloir unifier les localités?

Certains peuples pratiquent des traditions ancestrales d'initiation et d'humanisme, ils n'ont pas besoin de la Franc-maçonnerie **Le mythe c'est le nom du monde pour celui qui est dans ce mythe.** La visite des peuples de la Terre nous offre une mosaïque de langues, de cosmogonies et de mythes.

Les africains entrent souvent en Franc-maçonnerie pour les affaires mais quand il s'agit d'initiation, ils vont chez les marabouts, d'autres vers les chamans.

L'Inde se réfère au démembrement d'un homme cosmique, à l'éclosion d'un œuf primordial plénitude d'un monde cosmique, ou à la création par la pensée d'un principe universel abstrait.

En Océanie, les dieux sortent du rêve.
Pour les Hurons toutes les créatures sont traitées sur un pied d'égalité avec l'homme, les bâtisseurs du monde sont des animaux, tortues, chevreuils.

En Mongolie, c'est le plongeon d'un dieu, un oiseau, dans une mer primordiale où il va chercher le matériau nécessaire à la construction de la terre.

L'Égypte est une foire aux immortels, chaque cité avait son démiurge: Amon à Thèbes, Ptah, le divin artisan à Memphis, l'octoade à Hermopolis, le patron du Nil à Esnah, Râ le dieu soleil à Héliopolis. On trouve Mardouk et Tiama à Babylone.

Dans les religions scandinaves et nordiques, l'ours est resté longtemps associé ou identifié à la divinité. Les légendes dans les cultures où vivent des ours en sont la trace évidente.

Je me suis toujours demandé avec quelle source le mythe d'Hiram, ou le mystère du tétragramme, pouvaient être interprétés par les francs-maçons chinois par exemple?

Changer nos mythes pour être universels? Ne garder que le plus petit dénominateur commun spatial et intemporel? Alors quel mythe pourrait être suffisamment «catholique» sans relent de colonialisme ni d'idéologie totalitaire? Quelle structure pourrait le porter? Quelle «association», avec un président, un secrétaire, un trésorier et des membres pour quel ensemble de règles qui permettraient de se reconnaître «reliés» tout en respectant l'hétérotopie (les lieux autres)….
Une loi universelle pour l'humanisme et des pratiques locales pour la spiritualité et l'initiation?

Toute velléité à la réduction me semble une erreur, le monde est polymorphe, complexe, ne faut-il pas tenter d'enrichir notre rapport au monde sans le canoniser?

Choisir le jardin d'Épicure ou l'Académie élitiste de Platon?[45]

---

[45] <tinyurl.com/epicure-et-la-philosophie>.

ns sur la Franc-maçonnerie

À PROPOS DE L'AUTEUR

Jacques-André éditeur
TU, Lettres de Passion, 2001 (Prix Laure de Noves)

Éditions de La Hutte
Pour éclairer le chemin, Une approche philosophique de la Franc-maçonnerie, 2011
Vocabulaire de l'apprenti franc-maçon, 2ème édition, 2012
Vocabulaire du compagnon franc-maçon, 2012
Vocabulaire du maître franc-maçon, 2013
Éléments de tracés avec règle et compas, La concordance maçonnique, 2015
Que signifie tailler sa pierre?, 2015

Éditions ledifice.net
Rassembler ce qui est épars, 2020
Vocabulaire de l'apprenti franc-maçon, 3ème édition, 2020
Vocabulaire du compagnon franc-maçon, 2ème édition, 2021

Éditions Ubik
Il était une fois un mythe, Hiram, 2021
La gestuelle maçonnique, 2021

Numérilivre Éditions
Tracés maçonniques, l'esprit de la géométrie, 2022

Éditions Dervy
Dictionnaire vagabond de la pensée maçonnique, 2017 (**prix littéraire de l'Institut maçonnique de France**, catégorie Essais et Symbolisme)
Franc-maçonnerie. Comment passer du profane au sacré, 2023

Réflexions sur la Franc-maçonnerie

Printed in Poland
by Amazon Fulfillment
Poland Sp. z o.o., Wrocław